爱的智慧

父母给孩子的四种核心能力

郑润芝 著

作家出版社

图书在版编目（CIP）数据

爱的智慧：父母给孩子的四种核心能力 / 郑润芝著. --
北京：作家出版社，2022.5
　　ISBN 978-7-5212-1877-0

Ⅰ.①爱… Ⅱ.①郑… Ⅲ.①儿童教育 - 家庭教育
Ⅳ.①G782

中国版本图书馆CIP数据核字（2022）第057377号

爱的智慧：父母给孩子的四种核心能力

作　　者：	郑润芝
文稿整理：	郑　谛
责任编辑：	郑建华　李　雯
装帧设计：	孙惟静
出版发行：	作家出版社有限公司
社　　址：	北京农展馆南里10号　　邮　编：100125
电话传真：	86-10-65067186（发行中心及邮购部）
	86-10-65004079（总编室）
E-mail:	zuojia@zuojia.net.cn
http://www.zuojiachubanshe.com	
印　　刷：	三河市紫恒印装有限公司
成品尺寸：	165×240
字　　数：	241千
印　　张：	15.5
版　　次：	2022年5月第1版
印　　次：	2022年5月第1次印刷
ISBN 978-7-5212-1877-0	
定　　价：	48.00元

作家版图书，版权所有，侵权必究。
作家版图书，印装错误可随时退换。

序 一

在当今这个时代，"焦虑"这个词好像总是伴随着无数的家长萦绕不去，尤其是妈妈这个群体。每当这个时候我就会对妈妈们说：从长远的时空来看，焦虑几乎是不存在的。从空间来说，整个宇宙漫无边际，连我们赖以生存的地球都不过是一粒尘埃，何况我们？我们连做一粒尘埃的资格都没有，我们所谓的焦虑何处安身？从时间来说，我们的一生在整个历史的长河里连弹指一挥间都算不上，我们焦虑的那些事、那些瞬间又何值一提？

这样看来似乎人生中的一切都是虚无缥缈的。那到底什么才是最真切的东西？我认为是感受，我们活着的每一分每一秒那些感情、那些感受是真真切切的，恰恰是这一瞬又一瞬的感受组成了我们的一生。这个想法源自我年幼的时候。

我记得那时候我还是一个小学生，有一天我和我的好朋友在放学回家的路上边走边聊天，我的好朋友说他长大了要住大别墅，他把别墅的墅念成了 yě，我当时就直截截地纠正他说："那个字哪里念 yě 啊，那个字念 shù，不念 yě。"回家后我还洋洋自得地把这件事当成一个笑话讲给我母亲听，我母亲当时对我说了一句话，她说："你用你的傲慢伤害了你最好的朋友。他当时一定感觉很尴尬很难堪，因为你说的虽然对，但是没有注意方式方法。"

从那时起我就逐渐明白了一件事，你懂的知识有多少不重要，你的眼中有没有人，有没有体会到对方的感受才是最重要的。

而在今天，我看到一位又一位家长因为一个生字、一道错题对孩子大吼大叫，我看到一个又一个家庭因为孩子卷子上的分数而鸡飞狗跳，我就想值得吗？

我们当然要引导孩子学会知识，我们当然要担负起家长的责任让孩子有个好前途，但是这一切的前提都是先保护好孩子当下的感受。我知道要做到这一点非常难，所以我们需要学习，我们需要学习到切实有效的方法，我们需要学习到切实可操作的步骤，才能支持我们真的实现这一点。而我在二十多年的时间里一直在家庭教育和心理学的领域不断探索，就是为了这个目标在努力奋斗，我和无数的家长共同借助教育学、心理学积累了很多真正能帮到孩子的方法，我把这些都整理到我的书中，希望对阅读这本书的你有所帮助。

让我们在平和和安宁中，在轻松和愉悦中帮助孩子进步。一起加油吧！

序　二

我们总怕我们稍一放松孩子就不求上进，我们总怕我们稍有疏忽孩子就落于人后，其实不必我们在孩子身后用"鞭子"撵，孩子本身就有竞争欲和竞争心，这是我们每一个人的本能，孩子与生俱来就有这个欲求！

但是我们要警惕，因为孩子的人生成也是它，败也是它。完全没有竞争心的孩子看起来佛系没动力，竞争心太强的孩子也会从小活在焦虑的世界里。所以，"竞争心"这份本能我们要教孩子驾驭。

竞争心，由内而外没问题，但没有内只有外问题就很大！什么意思呢？这里的"内"是指一个孩子对自己的认知，如果一个孩子在父母的养育下越来越认识自己、明确自己，他开始逐渐建立自我评价，他开始逐渐知道自己的所长所短，这时候就有了"内"。在这种情况下，孩子想提高自己，他可以以自己为圆心，从外他观察前后，从内他观察自己，以前面的某个人、某件事、某个时间当个临时参照，确定一个小目标来超越现在的自己，这样孩子的每一步都走得踏踏实实，既不焦虑，也不松弛。他每实现一次自己的小目标，就在他既定的目标里实现了一次"胜者为王"，这样带劲儿的人生小游戏他可以玩无数回，也可以随时选择让自己安心停留。而且停留与否、奋进与否都是自己说了算。这就是以认知自己为主再认知他人、认知环境的好处。

孩子对自己没有认知，在他人的要求下，或者在盲目选择下给自己确定了过于遥远的目标，他就很容易累，很容易痛苦。当父母把力量着重用在了帮助孩子探索自己、发现自己，鼓励孩子自己玩这样一个升级游戏，孩子就开启了自己的内驱力。玩这个升级游戏并不等于攀比，它其实是一种观察和觉知之后的自我决定。通过观察自己、观察环境，孩子明白自己在人群当中的位置，在自我奋斗之中享受竞赛的乐趣，感受争取过程中的上进心，这个过程其实就是人生勤勉奋斗的过程。这个过程并不注重结果，因此也不会有多少沮丧和挫败。这等于是父母把孩子的人生主动权交给了他自己，他的人生可以有奔头，也可以在明白自己的状态下选择留在何处。

佛系并不能让孩子获得轻松的人生，当一个孩子不看世界，不比较，不参照，他会感觉既抓不住目标也落不了地，会活得特别无力。在孩子逐步确定自我认知后，他无需攀比，只需要借助由内而外的竞争欲，让他的人生充满动力和惊喜！

我们教会孩子学会享受这样的竞赛，他与身边的伙伴关系是：谁跑到了前面就祝贺谁，谁落在了后面就鼓励谁，不高傲，不自满，不夸大，不虚浮，不自卑，不自溢，不回避，不冗进，这才是竞争过程中该有的豁达心态。

可怕的是，很多父母并不了解这一点。在儿童期我们不断提要求，不断给他制订标准，不断要求他要在同龄人中出类拔萃。这些过于功利的焦虑状态往往让一个孩子从童年就开始因为缺乏自我认知，又不断被种种压力推着走而陷入迷茫！甚至长大成人还一直因为不认识自己而陷入无止境的内耗当中。

在这本书里，我从实操方面着重讲了：作为父母我们如何与孩子建立关系？我们如何逐步带领孩子认知自己？我们如何在遇到沟通、情商、自律性、专注力、学习习惯、生活习惯、时间管理、人际交往等很多实际问题的时候，从根本上帮助孩子改善和提高能力？我们如何平和地辅助孩子每天进步一点点？我们如何帮助孩子从小获得既勤奋又平和的人生？实操步骤都已在书里，希望真的能够对你有所启发。

让孩子健康又充满动力的一生在我们的推动下这样开始吧。

目录 CONTENTS

第一章 什么是真正的家产? ... 1

如果我们把人生比作一场旅行，那么这场旅行并非一片坦途，孩子的前十八年就是他为这次旅行做准备的最重要时间。而十八年过去，我们看到的是，有的孩子也许自始至终都在"裸奔"，有的孩子也许"负重前行"越来越沉重，而有的孩子却在出发之时就装上了"助力器"，自此人生开挂。

第一节　原生家庭中孩子继承了什么？ _ 3

第二节　谁制造了孩子焦虑的人生？ _ 7

第三节　家长的两大使命 _ 9
　　　　1. 父母使命一：和孩子共享人生 _ 13
　　　　2. 父母使命二：赋予孩子人生技能 _ 15

第二章　家长的三大教育能力　　　　　　　　　　17

家长往往会陷入的亲子沟通误区有四个。误区一：以为说的次数多，孩子就能记得住。误区二：以为大量劝说讲道理，就能让孩子信服。误区三：以为只有自己声音大，才能引起孩子重视，孩子才能听话。误区四：以为冷漠不理孩子，孩子就能自己想明白错在哪里。

第一节　亲子沟通能力 ＿ 19

　　1. 家长亲子沟通能力自测 ＿ 19

　　2. 走出亲子沟通的误区 ＿ 22

　　3. 亲子沟通的真谛 ＿ 28

　　4. 有效沟通的策略和技巧 ＿ 30

第二节　情绪带动能力 ＿ 40

　　1. 家长情绪带动能力自测 ＿ 40

　　2. 走出情商提升的误区 ＿ 43

　　3. 什么是情商？＿ 49

　　4. "情绪倒灌"对孩子的损伤 ＿ 52

　　5. 家长如何走出"低能量"状态？＿ 56

第三节　管教能力 _ 61

　　1. 家长管教能力自测 _ 61

　　2. 走出管教孩子的误区 _ 64

　　3. 你的眼光和情绪能量正在塑造孩子 _ 69

　　4. 什么是真正的管教？_ 73

　　5. 小心，不要让"妈妈焦虑症"毁了孩子的今天_ 76

　　6. 管教的策略和技巧 _ 79

第三章　给孩子实质的帮助　给孩子的人生赋能　 *87*

在孩子的人生中，几乎每走一步都需要父母给出实质的帮助。为什么我要强调"实质"这两个字，是因为父母虽然都在为孩子竭尽所能地付出，可是真正以孩子需要的方式帮助孩子的家长并不多，真正看到问题的核心并且给到支持的并不多。

第一节　孩子核心能力之专注力 _ 89

　　1. 什么是专注力？专注力是选择的能力 _ 89

　　2. 专注力提升的三个误区 _ 99

　　3. 孩子专注力测评的四项指标 _ 102

　　4. 孩子的学习类型和通路 _ 106

5. 造成孩子专注力不足的原因是什么？_113

6. 孩子粗心大意怎么改变？_118

7. 孩子总是浮躁坐不住怎么改变？_122

8. 孩子总是丢三落四、学习效率低怎么改变？_125

第二节　孩子核心能力之学习习惯 _128

1. 为何孩子变得不爱学习？_128

2. 不要毁了孩子终身的学习力 _132

3. 孩子学习状态及学习习惯测试 _136

4. 孩子的好习惯有哪些？_140

5. 如何调整孩子的学习状态？_143

6. 如何让孩子主动按时写作业？_148

7. 如何提高孩子的学习速度？_151

8. 如何提高孩子的作业质量？_155

9. 如何让孩子学习更投入？_159

10. 如何让孩子学会规划学习精力？_163

11. 如何让孩子主动提高作业正确率？_165

12. 改变孩子学习状态的"能量咒语"_168

第三节　孩子核心能力之时间感知力 _173

1. 孩子磨蹭拖拉怎么办？_173

2. 什么是时间感知力？_177

3. 时间感知力测试 _ 179

4. 训练孩子的时间紧迫感 _ 183

5. 和孩子制订尤利西斯合约 _ 186

6. 让孩子爱上准时准点 _ 189

7. 提升孩子时间感知力的训练 _ 192

8. 如何管理欲望？_ 194

9. 孩子赖床怎么调整？_ 196

10. 孩子吃饭磨蹭怎么调整？_ 199

11. 如何提升孩子的自理能力？_ 202

第四节　孩子核心能力之情商及人际交往能力 _ 206

1. 孩子适应能力测评 _ 206

2. 孩子的性格会影响受欢迎程度吗？_ 209

3. 如何培养孩子独立的人格？_ 212

4. 内向的孩子如何打开社交？_ 216

5. 打破对内向与外向的误解 _ 219

6. 如何让孩子主动开始社交？_ 222

7. 如何培养孩子的分寸感？_ 224

8. 如何提升孩子在班级中的存在感？_ 228

9. 浮躁的孩子如何调整分寸感？_ 230

10. 付出爱的分寸 _ 233

第一章

什么是真正的家产？

"你离我多远啊，果实？"
"我在你心里呀，花朵。"
——泰戈尔

第一节　原生家庭中孩子继承了什么?

> 如果命运发给你一手烂牌,没办法,只有想法把它打到最好。而努力,是我们手里最后的底牌,只有它,才可以让原生家庭给你的痛只是一阵子,而不是一辈子。
>
> ——《都挺好》

什么是感情?

感情就是用好感觉累积起来的时间量质变出来的东西。一切感情都不会凭空产生,它是需要我们努力才能获得的。我们和孩子之间也是如此,这个世界上没有任何一份感情是理所当然。

父母对孩子的感情似乎是与生俱来,其实也是在十月怀胎的整个历程中父母持续不断地付出所产生的结果。对怀中的这个新生儿,父母幻想过无数美好的情景,为他的健康每天小心翼翼,为他的成长每天吃各种号称有营养的东西,为他的顺利出生每天做各种运动……就这样,父母对孩子的感情一天天加深,缔造生命的那种真实感也在与日俱增。

是的,我们缔造了这个小生命,同时也是我们主动邀请他来到这个人世间。那么,作为他人生的邀请者,我们给孩子馈赠什么,才能帮助他过好这平凡或不平凡的一生呢?

首先我们来了解一个概念:原生家庭。

什么是原生家庭?父母就是孩子的原生家庭,孩子从小到大成长的养育环境就是孩子的原生家庭。在原生家庭中,不管孩子喜欢与否,愿意与否,他都会从中继承和得到很多或好或坏的东西。

如果我们把人生比作一场旅行，那么这场旅行并非一片坦途，孩子的前十八年就是他为这次旅行做准备的最重要时间。而十八年过去，我们看到的是，有的孩子也许自始至终都在"裸奔"，有的孩子也许"负重前行"越来越沉重，而有的孩子却在出发之时就装上了"助力器"，自此人生开挂。

而我确信，每一位父母在养育孩子的时候，都是希望给孩子装上"助力器"的，都是希望孩子的前途一片光明。但是为何有的家长如愿以偿，有的家长事与愿违，有的家长背道而驰？这里除了孩子的先天特质和金钱物质条件之外，父母的养育方式是带来不一样结果的最重要决定因素。

因此，父母的教育能力是孩子人生的助力，也是孩子人生中最大的"变量"，提高这一"变量"能帮助孩子插上起飞的翅膀。

原生家庭对孩子的影响主要有五方面，这是父母给孩子的真正"家产"，我们可以一一对照，看看孩子是否已经有幸获得。

一、给孩子提供终生的安全感。当一个孩子在原生家庭中感受到安心、被接纳，于是安全感便产生了。这份源自原生家庭的安全感随着时间的推移，会逐渐内化成孩子内心当中支持自己的一份力量。这份力量将如同一个避风港，在以后的岁月中，无论遇到怎样的电闪雷鸣，孩子都能找到回归自己的依处，找到那种踏实的感觉，让自己放松下来，休整之后重新出发。许多家长并不会安心地接纳孩子，在不断的情绪化和挑剔当中，破坏孩子的安全感，让孩子的人生从起点就充满焦虑。

二、帮孩子认识自己。当一个孩子来到人世间，他对自己一无所知，他不知道自己是谁，是男是女，姓甚名谁，所长所短，有何价值，而这一切的答案，最初都是由父母、由原生家庭为他作答。父母帮助孩子建立了自我概念，帮助孩子学会了解自己。当原生家庭如实给出了孩子答案，孩子对自己的认知会越来越正确，会变得越来越自信。这份源自原生家庭的自信会深植于孩子的骨子里，大大提高孩子的抗挫折能力，这份力量将如同骑士手中的剑，让孩子在以后的岁月中，即便遇到满路荆棘，也能不畏艰难，勇往直前。大部分家长并不会如实给出孩子答案，因此会让孩子对自己产生许多错误认知，在错误认知下孩子会自卑而懦弱。

三、让孩子学会"接受爱"与"付出爱"。"接受爱"与"付出爱"是孩子人生中最重要的两大能力，这不但关系到孩子日后的婚姻幸福，还关系到孩子人际关系的建立。而爱与被爱的能力，是孩子在原生家庭中耳濡目染，在每天的生活中"渗透式"学习到的。当孩子"接受爱"的能力是良好的，他会坦然接受他人的喜爱，他会觉得自己值得被爱，当有人喜爱他时，他会感觉喜悦和感恩，他会觉得心安理得。而遗憾的是，太多人因为原生家庭的缘故，感觉自己不值得被爱，当有人喜爱自己时，会感觉局促不安，甚至产生质疑。还有的孩子"接受爱"的能力不够，感觉不到他人对自己的好，别人对他的付出，他完全无知无觉，甚至感觉厌烦。

当孩子"付出爱"的能力是良好的，他会在利人利己的情况下真正乐于助人，他对他人的付出，不是出于讨好，更不会出于恐惧，而是基于相互的爱护和尊重。这样的付出本身就足以让人感到满足。而"付出爱"的能力有问题的孩子，在人生中或吝啬付出，或逼迫自己付出，或纠结地付出。不付出时感觉自己亏欠别人，付出时又感觉很不平衡，这些心态都会让每一次"爱的交流"变成一次内耗。

四、给孩子良好的人生习惯。有人习惯整洁，有人习惯凌乱；有人习惯快乐，有人习惯烦躁；有人习惯活力四射，有人习惯死气沉沉；有人习惯幸福，有人习惯不幸……而所谓习惯就是"习得的行为惯性"，习惯无非就是某些行为重复次数多了以后的产物。所以，不管是好习惯还是坏习惯，孩子都会在原生家庭中自然而然地接受并且被迫重复。而孩子在原生家庭中经常被迫重复的最多的是什么习惯，他将会继承到什么习惯。这些习惯中有四种习惯对孩子的影响最大：生活节奏的习惯，思维的习惯，情绪的习惯，饮食的习惯。我们只要观察一下自己的一天，就不难发现我们让孩子继承了什么。

五、给孩子的人生赋能。人生有时要做加法，有时要做减法。而孩子十八岁之前，无疑是给人生做加法的最重要时间。这道加法题需要家庭、学校、社会一起为孩子来做。具体需要做哪些呢？我整理归纳如下：

1. 增加知识，让孩子成为大脑有内容的人；
2. 增加规矩，让孩子成为举止有边界的人；
3. 增加习惯，让孩子成为能量不内耗的人；
4. 增加见识，让孩子成为思想有格局的人；
5. 增加能力，让孩子成为行为有价值的人；
6. 增加自我认知，让孩子成为自我定位准确的人；
7. 增加影响力，让孩子成为人格有穿透力的人。

而原生家庭是给孩子赋能的最重要环境。这里的能力主要是指：自理能力、沟通能力、情绪管理能力、自制能力、时间管理能力、专注能力、人际交往能力等。绝大多数的能力并不需要刻意培养，我们只需要伴随孩子成长的节奏，掌握一定规律，借助生活中的场景随机进行即可。具体的操作，在后面的章节中会一一展开。

第二节　谁制造了孩子焦虑的人生？

> 我的生命是从睁开眼睛，爱上我母亲的面孔开始的。
>
> ——乔治·艾略特

假如能够选择原生家庭，那对于孩子来说，天堂一样的原生家庭就是，有一个情绪稳定、和善温柔、懂孩子的母亲，和一个讲原则、理性慈爱、有活力的父亲，两个人都爱学习、爱探索，对孩子始终保持好奇心，积极乐观地陪伴孩子成长。那对于孩子来说是多么幸运的一件事。这个天堂无关财富，无关权势，财富权势等仅仅是锦上添花。

而许多孩子并没有这么幸运，他们生活的家庭中，要么母亲情绪化，过于强势；要么父亲没有活力，过于懦弱。还有的家庭父母亲都不知原则是什么，管理孩子的行为一切看心情。

而在国内，迫于种种压力，非常普遍的家庭状况是都有一个非常要强的母亲。母亲性格强势，追求完美，对未来总是充满担忧，对过去总是各种不满，因此对孩子就会种种干涉。如果恰好父亲和母亲的责任占比平衡，情况要好很多，母亲也会放松很多。但是，因为观念的问题，爸爸一般是"甩手掌柜"（当然，现在这种情况在逐年变好），因此父亲和母亲的责任占比往往失衡，有的家庭权利占比甚至能达到9∶1，甚至10∶0。父亲形同虚设，完全不在其位。这就让母亲更加焦虑和紧张，更容易烦躁和情绪化。这就形成一个恶性循环。

在这样的家庭中，如果孩子是一个女孩，会承受非常多母亲的负能量和打压。母亲对孩子的管束看起来是为孩子，其实往往都是在消化母亲的各种焦虑情绪。因为母亲在焦虑中会过于需要孩子的听话和服从，这就剥夺了女儿的自由意志。在这样的环境下成长起来的孩子，往往会有性格缺陷。首先孩子会非常没有主见，因为从小到大，决定都是妈妈在做，孩子自己是没有决策能力和分析能力的。其次孩子会和妈妈一样形成焦虑的习惯，所以对待情感依赖性会非常强。

长期遭受打压，孩子还会非常自卑，因此这中间有一部分孩子就会形成讨好型人格，总是委曲求全。或者面对人际关系的矛盾，总是消极抵抗，形成被动攻击型人格。还有另一部分女孩不会这样，她们会继承母亲的处事方式，长大后成为和母亲非常相像的人。她们强势、烦躁、边界感不清，总是强迫自己承担过多责任。但是，不管女孩是向左发展还是向右发展，都会有一个共同的特点，就是她们都和母亲一样，内心充满焦虑。人生的安心喜乐很少在她们的生活中出现。

在这样的原生家庭中，男孩会如何呢？一部分男孩变成妈宝。他们懒惰懦弱，不求上进，没有责任心，无条件服从母亲，对父亲的话置若罔闻。他们可怜又可悲，感觉搞定了自己的母亲就搞定了一切，所以对母亲又叛逆又讨好。还有一部分男孩变成了父亲的替代角色。他们主动担负起安抚母亲的责任，当母亲不开心，他们会甜言蜜语；当母亲需要人聊天，他们会耐心陪伴。他们变得听话嘴甜脾气好，他们甚至会很努力达到母亲心中的期待，但他们的人生不是为自己而活，他们只是想让妈妈高兴。

想要改变这种现状，有两个着力点：

第一，母亲的情绪管理能力和管教能力提升起来；

第二，父亲的责任占比提高起来。尤其随着孩子的年龄增长，理想的状态应该是父亲的责任占比更高，对孩子的正面影响将会更大。

第三节　家长的两大使命

> 做父母不是一件容易的事，在我们的社会中，尽管养育孩子是我们面临的最重要的事情之一，但在这方面缺乏培训。对什么人能养育儿童、怎样养育儿童都没有规定，其结果是很多儿童缺少个人价值感。他们对父母感到害怕，不知道怎么与他们相处，他们担心因他们不理解的原因而受到父母不公正的惩罚，他们感到不安全和不适应，他们渴望温暖，他们需要支持，但却得不到。这些儿童感到迷惘、害怕、焦虑。
>
> ——凯伦·霍尼

2015年，一名十五岁男孩熬夜写作业课堂猝死事件引发热议，学生的学习压力再度成为社会关注的焦点。我国于2015年11月24日发布了针对中小学生的《全国中小学生学习压力调查》。该报告覆盖了中国31个省市自治区、2000万中小学生，《全国中小学生学习压力调查》显示：我国中小学生平均每天写作业达三小时，是全球均数的两倍。"熬夜族"普遍睡眠不足七小时。其中，40%的南京学生都会写作业写到晚上九十点钟，数学已经成为公认的难题学科，最费脑也最耗时。作业难倒孩子，父母也崩溃。代写、劝弃、与老师求和的父母竟然占到八成。尽管每天熬夜写作业，但依旧有近三成的学生表示每天的作业问题并没有得到解决。

压力如此之大，很多孩子就凭自己那颗还没成熟、还没长大的小心脏扛过了这个时期难熬的每一天。妈妈唠叨，爸爸生气，老师着急，来来回回就是成绩那点事。作为孩子，他完全不知道该怎么调动自己内心的能量，他不知道怎么调整自己的状态，他不知道怎么改变自己的现状，就这样被抱怨、被指责，所有的人似乎都在对他说：你还不够努力，还不够用心，还不够上进……似乎所有的人都在为他的未来担忧，而且看起来好像他的未来的确是迷茫的，是没有着落的。

你可能会说，他学习好了，大人就不担忧了啊。

我讲一个我做咨询时的案例。

这个孩子是个学霸中的学霸，她是我们当地重点高中的尖子班的尖子生。当时，她妈妈带她来找我做咨询的时候，说孩子睡眠不好，怕影响学习。母女两个有说有笑地出现在我的眼前，并且说她们关系非常好，无话不谈。

但是母亲走了以后，女儿慢慢放松后才说出实情。原来，孩子不是因为晚上睡不着觉，而是因为最近越来越恐惧学习，恐惧高考，甚至多次出现自杀的念头。

她说，妈妈是一个非常强势的人，非常好面子，所以妈妈就算带她来咨询，也不会承认她真实的情况。妈妈始终都认为，只要她能好好睡一觉，就什么问题都不存在了。

孩子为什么会这样恐惧？仅仅是因为考前焦虑吗？并非如此。

孩子说，她一直不知道自己是谁，她在为什么而学习。每次考试，她都好怕，怕大人们失望，怕妈妈失望。这份恐惧，随着年龄的增长和考试次数的增多，不但没有减少，反而与日俱增。

她好怕呀！为了让爸爸妈妈放心，让老师们满意，她努力了这么多年，一直用心维护着一个"好孩子"的面具，但是如果高考考砸了，是不是这么多年的努力就会一下子轰然坍塌、一败涂地？这么多年，这个"好孩子"的面具已经折磨得她越来越累，越来越无力，她很想知道假面具要戴到什么时候，这样的日子什么时候才是个头？

是不是就算她考好了，也只不过是再一次开始了证明自己的下一个循环而已？这就像一个永远到不了头的无底洞，所以她一次次地想，如果没有一个强行的休止符，这样的日子就会没完没了……

你瞧，这个孩子完成了父母和老师所有的期待，但是她迷失了自己。

作为孩子人生的引领者，我们的使命到底是什么？

我们作为父母，最基本的使命有两个：

第一，和孩子共享生命；
第二，赋予孩子人生技能。

换而言之，就是和孩子安心过好今天，同时帮助孩子成为更好的他自己。孩子本来就是美好的，这个"更好"只是好上加好。

残酷的现实是，很多家长很难和孩子安心地过好今天。原因有二：

第一，我们总是在担心未来，这个过程消耗了我们太多的能量。我们总在给孩子传递焦虑，想让孩子知道未来是多么可怕，如果不随时绷紧弦做好准备，未来就会生活得多么落魄。而这绝大多数情况下，都是我们父母想太多而已；

第二，我们太看重自己的要求和标准，看重的程度甚至超过了对孩子本身的关心。（你品，你细品，敢不敢承认？）

所以，作为家长，我们需要经常问自己一个问题：我是在帮孩子成长，还是想让孩子满足自己的期待？

帮孩子成长，我们就会安心接纳他今天的状态，然后在此基础上帮孩子超越自己；想让孩子满足自己的期待，我们就会在孩子不符合自己的要求和标准时，气急败坏，生气烦躁，失望郁闷，甚至忍不住对孩子大吼大叫。

每天帮孩子实现自我超越，孩子就越来越喜欢自己，欣赏自己，爱上自己，信任自己；每天让孩子满足成年人的要求和期待，孩子就会越来越迷茫、紧张、不安，哪怕他做得很好，他也很难喜欢自己，因为他压根不认识自己。

你是在帮孩子成长？还是想让孩子满足自己的期待？

所以，再强调一次：是我们邀请孩子来到人世间，我们要履行我们该履行的使命。这份使命不应该是望子成龙或者望女成凤，而应该是和孩子共享这珍贵的一生，并且赋予孩子人生路上一定会用得上的人生技能。

1. 父母使命一：和孩子共享人生

"你是荷叶下的大露珠，我是它上面的小露珠。"露珠对湖水说。

——泰戈尔

没有人会活在过去或者活在未来，我们每个人都只活在"今天"而已。这不是鸡汤，而是事实。在这么多年里，我见过无数父母，为了孩子所谓的未来，在毁掉孩子宝贵的今天。

比如，有父母为了孩子写错了生字做错了题，对孩子大吼大叫，甚至撕本子拍桌子，那种怒火攻心的样子，如果有旁观者在场，一定以为发生了天大的事。每当我听到或看到这样的情景，我就忍不住想唠叨两句说：

"亲爱的，没多大的事，孩子今天学不会，明天也能学会，明天学不会，只要找好方法，迟早都能学会。可是今天，你大吼大叫，让孩子哭着睡了，你就因为一个微不足道的生字毁掉了孩子人生当中的唯一一个'今天'，而且这个'今天'再也不会回来了，何必呢？！"

是的，一个又一个的"今天"组成了我们和孩子的人生。我们不知疲累地为孩子付出，不就是希望他的人生快乐、富足、轻松、幸福吗？我们误以为只要我们和孩子足够努力，这些快乐、富足、轻松、幸福都会在"明天"发生，都会在"未来"发生。岂不知，"今天"已经在这里了！当我们用心对待孩子人生中每一个唯一的"今天"，我们的心愿在今天就能够实现。

在这条时间长河里，我们和孩子在共同行进。当我们让今天过得轻松愉快，孩子的人生就已经是轻松愉快的了。当我们让今天过得幸福满足，孩子的人生就已经是幸福满足的了。难道不是吗？

所以反观一下，你的每一天都是如何度过的呢？如果愤怒、不安、烦躁、郁闷、无力、沮丧、失望、伤心这些情绪经常在你的生活中萦绕，并且带来这些情绪的原因无非是你觉得孩子做得不好、孩子不够争气、孩子太不听话，那么你和孩子共享的可真是一个糟糕的人生啊。愿意改改吗？很多事情就在你的一念之间而已。

2. 父母使命二：赋予孩子人生技能

我们一直用睁开的双眼眺望，只为寻找自己，
然后努力生长，力争成为森林。

——埃尔弗里德·耶利内克

我们一定要明白，当孩子出现各种让我们不满意的负面行为时，其实都说明了一件事，就是孩子缺少某些人生技能。所以，孩子犯错的时候，恰恰是我们给孩子赋能的最佳时机。

如果此时一味指责和抱怨孩子，就只能说明我们自私和无能。自私是因为，我们竟然试图让孩子为我们的负面情绪买单；无能是因为我们竟然试图用抱怨来推卸责任！因为绝大多数情况下，我们心知肚明，抱怨是不起任何作用的，就是发发牢骚而已。

为了警醒我们自己，要牢记这句话：孩子所有的负面行为都说明孩子欠缺某些人生技能。真要帮孩子，就应该想办法让自己先静下心来，寻找一下能帮孩子的方法。然后耐心陪孩子一起面对问题，解决问题！而不是一味地对孩子发脾气。

孩子朋友少，他可能欠缺的是沟通的能力或者是合作的能力；孩子乱发脾气，他可能欠缺的是情绪管理的能力或者是解决问题的能力；孩子撒谎，他可能欠缺的是提升勇气的能力或者是承担责任的能力；孩子学习静不下心来，他可能欠缺的是专注的能力或者是欲望管理的能力……

所有的能力提升都只需要两步来实现：第一是示范，第二是练习的机会。

除此之外，打骂、抱怨、指责、否定、惩罚、冷漠，这些做法都无法让孩子提升任何能力。

这就好比，孩子不会游泳，你只有通过示范和练习才能让他学会游泳。如果你不愿意示范，也没有耐心陪孩子练习，那么你指责孩子一万遍，他还是不会游泳。人生技能就犹如十八般武艺，孩子掌握得越多，越对自己的人生有把握。而童年，就是孩子从原生家庭中获得这些人生技能的时间。

可以说，有的孩子很幸运，原生家庭给了他很多人生技能。这些技能大概有：与人沟通的能力、管理情绪的能力、解决问题的能力、判断思考的能力、付出爱的能力、接受爱的能力、学习的能力、管理时间的能力、人际交往的能力、管理金钱的能力、自理的能力、享受生活的能力、理解他人的能力、管理欲望的能力、独处的能力、观察的能力、忍耐的能力、激励自己的能力……

很多技能是父母潜移默化给孩子的，还有一些需要刻意培养孩子才能获得。

第二章

家长的三大教育能力

好的人生是一个过程，而不是一个状态；
是一个好的方向，而不是一个终点。

——罗杰斯

第一节 亲子沟通能力

1. 家长亲子沟通能力自测

一个人必须知道该说什么,一个人必须知道什么时候说,

一个人必须知道对谁说,一个人必须知道怎么说。

——德鲁克

下面各题是用来检测到目前为止你和孩子的亲子沟通状态的。每道题,如果答"是"得"0"分,如果答"否"得"1"分。根据你和孩子的真实情况作答。静下心来,仔细回忆一下生活中的场景,就可以开始答题了。

序号	题目	是	否
1	一件事家长反复说不管用		
2	爱找借口,找理由		
3	好好说不听,吼了才听		
4	不爱和父母说学校的事		
5	耳边风,听见也装着没听见		

序号	题目	是	否
6	倔强，爱顶嘴		
7	孩子经常说："再别说了。"		
8	孩子总说"知道了"，却不行动		
9	孩子爱讨价还价		
10	定好计划不执行		
11	苦口婆心孩子依然不改正		
12	孩子不听父母安排		

得分：_____分

这张卷面，得分越低说明你的亲子沟通能力越差。你还可以对照下面这张表，看看自己的沟通能力到底欠缺在哪里。

序号	题目	如果答"否"说明
1	一件事家长反复说不管用	说明欠缺沟通方法
2	爱找借口，找理由	说明欠缺倾听能力
3	好好说不听，吼了才听	说明欠缺沟通弹性
4	不爱和父母说学校的事	说明欠缺沟通话题
5	耳边风，听见也装着没听见	说明沟通方式单一
6	倔强，爱顶嘴	说明欠缺倾听技巧
7	孩子经常说："再别说了。"	不懂得营造沟通氛围

序号	题目	如果答"否"说明
8	孩子总说"知道了",却不行动	不懂得如何落实沟通内容
9	孩子爱讨价还价	不懂得如何坚守沟通原则
10	定好计划不执行	不懂得如何跟进沟通进度
11	苦口婆心孩子依然不改正	不懂得调整沟通方式
12	孩子不听父母安排	不懂得如何沟通达成共识

通过自检,我们已经能大致意识到自己的亲子沟通问题有可能出在哪里,下面就让我们进行提高和调整吧。

2. 走出亲子沟通的误区

> 上天赋予人类一根舌头与两只耳朵，以便让我们从别人那儿听到的话可以两倍于我们说出的话。
>
> ——叶庇克梯塔斯

2019年12月14日，黑龙江一位李先生，在晚上八点多突然冲进自家卫生间对十岁的女儿狂扇耳光，女儿被打得惨叫连连，父亲竟然还同时拍下了视频，之后把视频发到班级群里，向老师证明自己的确已经教育孩子了。事情的起因是女儿在学校上课的时候搞小动作，老师多次找家长沟通，而家长认为自己已经对孩子多次批评教育了，可是孩子的行为并没有改变。于是老师说："你养了十年的孩子你都不管，我就更没有办法了，我也管不了了。"李先生听了这话感觉气愤之极，认为自己明明已经教育过孩子了，老师却认为自己作为家长不负责任，李先生越想越气，于是就有了前面的举动。

多么让人无奈，看起来老师和家长都是为了教育好孩子，但是却没有一个人真的和孩子开展一次有效的沟通，帮助孩子发现自己的问题到底出在了哪里。

无独有偶，在去年，我也在咨询室里接待了一个孩子，情况和李先生的孩子非常相像。孩子也是在班级中经常做小动作，被老师多次点名批评并且请家长。孩子的妈妈把孩子骂也骂了，打也打了，但是孩子就是改不了。那天我拉着孩子的手，和孩子聊了很多，孩子的表达能力很强，在充分让孩子放松以后，他说：

"我知道上课不能做小动作，可是我一开始感到无聊，就忍不住想动动尺子，转转铅笔，我也没办法，我控制不了自己。"

我说："看来你是想控制自己的，就是控制不住，对吧？"

孩子说："对！"

我说："多长时间你控制不住？"

孩子说："一节课四十多分钟我控制不住。"

我说："那一分钟你能控制住吗？"

他果断地说："能！"

我说："三分钟你能控制住吗？"

他果断地说："能！"

我说："十分钟你能控制住吗？"

他有点犹豫。我说："我们现在来试试。"

在尝试之后，孩子是能安静地做到十分钟不做任何小动作的。于是我说："你可以自己做个决定，决定在一节课可以动几次文具。"

事情后来怎么样了，估计大家都能猜到。这位妈妈隔了两周打电话说："郑老师，老师今天发微信说孩子最近小动作少了很多，上课听讲认真多了。太感谢您了！"

你瞧，有时候事情的改变并没有那么难，主要是我们陷入了沟通的一些误区，当我们在这些误区的坑里"躺平"，就始终只能得到糟糕的沟通效果。

家长往往会掉进的亲子沟通误区有四个：

误区一：以为说的次数多，孩子就能记得住；

误区二：以为大量劝说讲道理，就能让孩子信服；

误区三：以为只有自己声音大，才能引起孩子重视，孩子才能听话；

误区四：以为冷漠不理孩子，孩子就能自己想明白错在哪里。

下面我一一仔细说明。

误区一：以为说的次数多，孩子就能记得住。这是很多家长会忍不住发火的根本原因。家长会想：到底要我说多少遍，他才能记住这些简单的小事？其实事实是，恰恰因为我们说的次数太多了，孩子反而记不住，因为我们已经在孩子的潜意识里变成了他的"人肉记事本"，到时间我们自然会提醒，哪里还需要他自己提醒自己呢？

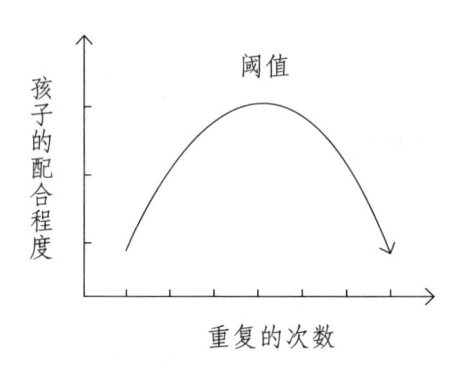

所以，就如同上图一样：在一个新的习惯刚刚开始养成的时候，我们提醒孩子，孩子的配合程度是随着我们提醒次数的增多而逐渐加深印象的。但是在超过一个阈值之后，如果我们还是没完没了地提醒，孩子对这件事的反应反而会越来越弱，配合程度也会越来越小，最后就演变成了家长不提醒，他自己就完全想不起来的情况。

误区二：以为大量劝说讲道理，就能让孩子信服。我常常会见到一些表达能力非常好的家长，这部分家长非常善于阐述自己的想法，于是就很喜欢给孩子讲道理，我其实也曾经是其中的一员。这种只顾自己一股脑地说，并且长篇大论、单方面信息输入的沟通方式，我们把它称为"填鸭式沟通"。

有一次，我在给家长们上课的时候吐槽我自己，说我以前给四岁的儿子"讲道理"（填鸭式沟通），能一讲一个多小时停不下来。结果家长们就纷纷打开了话匣子，有的人说自己给孩子讲道理讲半个多小时、一个多小时，甚至有家长说自己能给孩子讲两个多小时，想想真是可怕。"填鸭式沟通"都有一个共同的特点就是：家长说个不停，孩子只是硬着头皮在听，没有机会表述自己的想法，最多家长会在沟通的中间提一些封闭式的问题，比如：

"妈妈说的对不对啊？"

孩子就说："对。"

"你记住了没有啊？"

孩子就说："记住了。"

"下次还敢不敢这样了？"

孩子就说："不敢了。"

……

当孩子给出这些看似标准的答案，我们以为沟通已经成功了，殊不知，这样的沟通有两大危害。

第一，这种单方面输入的"填鸭式沟通"，在损伤孩子的听觉敏感度，让孩子慢慢对大人传递给他的信息越来越不在意，逐渐养成听大人说话心不在焉的习惯。所以越是从小就喜欢给孩子大量讲道理（填鸭式沟通）的家庭，孩子在学校里不认真听讲的几率就越大。

第二，填鸭式沟通，会让孩子无法抓住大人说话的重点。我们计算一下，一个人的正常语速，一分钟能说三百个字，半小时三十分钟，我们就等于给孩子说了九千字，一个小时就是一万八千字。如果我们情绪激动，语速变快，恐怕字数还要翻倍。要让一个幼儿园的孩子，或者一个小学生，从这么大量的信息当中提取出来重点，还要记住，这可能吗？更何况，有很多家长，说话是没有逻辑的，想到哪里说到哪里，这样就更让孩子抓不住重点。最后我们还怪孩子不听话，估计孩子都在心里吐槽我们："你到底让我听哪一句？是第一句？还是第一万句？"所以你情绪上来说个没完没了的时候，孩子大部分情况就是在忍着痛苦应付你而已。这错不在他，而是我们不会沟通！

误区三：以为只有自己声音大，才能引起孩子重视，孩子才能听话。 很多父母在有了孩子以后，嗓门儿逐年增大。我们以为孩子不听，是因为他没听见，或者是他不知道事情的严重程度，于是我们就用嗓门的高低来向孩子宣示这件事的重要程度。当然，还有很多时候，我们就是因为控制不住情绪，单纯地大吼大叫发脾气。

总是大嗓门儿地命令孩子去做事，有两大危害。

第一，这会让孩子慢慢习惯被人不尊重地对待。在前面的章节中我们就讲到了，每个孩子都会在原生家庭中养成种种习惯。人际互动也是其中的习惯之一。在成人的世界里，有的人就会莫名其妙遭到周围环境的打压。大家对这个人说话就是没好气，即便是一个有修养的人，对待这个人也会更随意一些。你的身边有这类人存在吗？我们要知道，人际关系的互动，永远都是你来我往的，都是相互影响的。当一个人从小习惯于被别人不尊重地对待，他就很容易把周围新的人际关系也逐步带成这样。我相信没有家长愿意让孩子承受周围人的打压，所以我们从小就应该对孩子好好说话，让他习惯被人尊重。

第二，总是大嗓门儿地吼孩子，会让孩子的听觉变得越来越迟钝。这和孩子的听力无关。我们每个人都有听觉，从心理学来说，听觉是我们接收外界信息的重要感官之一。可是要让我们听得清、听得准，除了耳朵本身的生理条件以外，还需要我们自身有听的意愿和听觉注意力两项重要因素。当我们经常对孩子大吼，就会大大降低孩子听的意愿，而且孩子的听觉注意力也会更加难以集中。孩子甚至会逐渐习惯我们的音量，一定要等到音量上升到一定的分贝，才能做出回应。这就形成了恶性循环，家长的嗓门儿越大，孩子反应越慢；孩子越不回应家长，家长越容易愤怒。这种糟糕的情况该停止了！

误区四：以为冷漠不理孩子，孩子就能自己想明白错在哪里。在沟通中，还有一种糟糕的情况是，家长用冷漠来进行"沟通"。不理孩子，让他自己去想，家长认为："我说了那么多次，我为什么不高兴，还需要我再说一遍吗？难道你自己不清楚吗？"你瞧，很多时候，即便我们仔细地表达想法都不一定能表达清楚，更何况我们不说让对方猜。这种猜谜语一样的沟通，只会让孩子更摸不着头脑。当我们这样冷漠地对待孩子时，孩子能清楚感知到的是：我们对他有一肚子的不满意，我们对他已经不喜欢了，我们和他的情感联结已经断开了……除此之外，其他一切都是云里雾里，模糊不清的。这种沟通方式对亲子关系的损伤无疑是非常严重的。

3. 亲子沟通的真谛

> 所谓的"耳聪",也就是"倾听"的意思。
>
> ——艾默生

我们几乎每天都在和孩子沟通,但是却常常忘记了沟通的意义到底是什么。

沟通的意义是:传递爱的情感,然后有效传递信息。

一位女士不明白,为什么她的孩子总是围着自己东拉西扯说很多废话,让她烦不胜烦?我告诉她:"你知道吗?你的孩子围着你一直在说一句话,这句话就是:'妈妈,我好爱你啊,我好喜欢和你在一起啊,和你在一起好开心啊!'"这位女士非常惊讶,说:"原来是这样啊!"我说:"是的,每个人只会对自己爱的人说废话!"

是的,每个人只会对自己爱的人说废话!而废话是沟通感情最重要的润滑剂!一个家庭如果连废话都没有,这个家庭是冰冷的,是没有温度的。一个家庭如果人人都懒得说废话,这个家庭里的成员也一定是不幸福以及不快乐的。

所以,废话很重要!

当一个人愿意说废话,而另一个人愿意听他说废话,这两个人就正在共享幸福的时光。这也是沟通的第一层意义所在:传递爱的情感。

沟通的第二层意义在于有效传递信息。这里需要一些技巧,更需要懂你说话的对象是谁。所以,我会在下一个篇幅中重点讲操作方法,这些方法包括如何说才能让孩子爱听,如何才能打开孩子的心门,如何能让孩子更乐意配合,如何沟通孩子会更有行动力,等等。

在讲操作方法之前，我们首先一定要记住一句话。这句话源自 NLP 神经语言学。NLP 是神经语言学（Neuro-Linguistic Programming）的英文缩写。N（Neuro）指的是神经系统，包括大脑和思维过程。L（Linguistic）是指语言，更准确点说，是指从感官系统的输入到大脑处理信息后形成意思的过程。P（Programming）是指处理信息之后，人进行回应和执行。因此，NLP 被解释为研究我们的大脑如何工作的学问。NLP 导师李中莹先生的多部著作中均提及的一点：沟通的效果由对方决定，但是方式由自己控制，因为自己可以改变沟通的模式。

这句话我们一定要牢记，因为如果忘记了这句话，我们就会陷入旧有的沟通模式当中，即便明知道这样沟通下去没有任何效果，我们也想不起来，或者固执地不愿意改变方向。因此，在忘记这句话的时候，新的沟通方法将没有用武之地。

4. 有效沟通的策略和技巧

如果想要改变自己的人生，就要谨慎地选择字眼。

——安东尼·罗宾斯

【四步沟通法】

我们给孩子交代事情的时候，经常因为语言太过繁琐，或者太过笼统，让孩子无法明白我们的真正意图。如果这种情况下因为孩子事情没做好而责怪他，孩子会感觉非常冤枉。"四步沟通法"就是让沟通变得明晰和具体的一种沟通方法，家长可以多多尝试。这样的沟通方法不但对改善亲子关系有好处，也能让孩子学会有效地表达，一举两得。

第一步：尽可能简单具体地描述让孩子做的事；
第二步：让孩子复述一遍；
第三步：问孩子这样做的好处是什么；
第四步：征求孩子意见，看他还有更好的做法吗。

举一个例子，比如今天周末，你要安排孩子收拾书桌。

错误做法是："你看你把书桌弄得这么乱，你就不知道收拾一下吗？赶快收拾，该弄整齐的都弄整齐！到底收拾不收拾？让我说几遍？快一点，再不收拾，我把这些书……"（抱怨、啰唆、并且指令笼统，这只会引发孩子的抵触情绪。）

正确做法第一步:"宝贝,交给你一个任务,把书桌上的书按照大小归类摆放整齐。"

正确做法第二步:"宝贝,妈妈刚才交给你一个什么任务?"

这样询问孩子,孩子会按照他的理解把任务复述一遍。

正确做法第三步:"宝贝,咱们为什么要整理书桌呀?"

这样询问孩子,孩子会思考整理书桌的意义,比如整理书桌是为了让家里和房间看起来更加整洁有序。

正确做法第四步:"宝贝,我刚才建议你按照大小整理书籍,你有没有更好的整理方法呢?你也可以按照自己的想法进行归纳。"

这样询问是给孩子的想法留有空间,让孩子有机会为自己的事情做主。

【合作者沟通法】

在沟通中,如果我们经常用"我……"或者"你……"会给对方带来比较对立的感受,尤其是在探讨事情的时候,更容易让对方产生这种感觉。但是,如果使用"我们""咱们"就会好很多,会让对方感觉和你是一伙的,是在合作中共同处理一个问题。比如,对比以下的对话:

"你吃饭能不能快一点?时间都要来不及了。"(感觉到指责的味道了吗?)

"咱们吃饭要快一点了,要不然时间有些紧张了。"(是不是感觉友好了很多?)

"你看你的拖鞋到处乱扔,能不能把它放进鞋柜里?"(感觉到指责的味道了吗?)

"咱们的拖鞋可不能到处乱扔,我们把它放进鞋柜里吧。"(是不是立刻感觉友好了很多?)

更好的说法是直接说做法:"咱们一起把拖鞋放进鞋柜吧。"这样就更友好,更简洁。

"你怎么把字写得这么乱？你这样的作业好意思给老师看吗？"（是不是能感受到浓浓的火药味？）

"哟，咱们这样的作业是不是有些不好意思给老师看啊？"（是不是就友好了很多？）

更好的说法是直接说："咱们如果把字都能写成这一行的样子，那就太漂亮了。"这样会更具体，表达的信息更加正面，孩子也更容易调整自己。

合作者沟通法，是去除对立、和孩子建立合作关系、表达友好的简单沟通方式，我们可以多多使用。

【三步缓冲法】

亲子沟通当中，其实有很多时候与其说还不如不说，不说的效果反而会更好。那么怎么判断该不该说呢？"三步缓冲法"就可以帮助大家。

如果遇到了一件你非常想说孩子的事：

第一步问自己：这真是一个问题吗？

第二步问自己：我现在想批评孩子，是想解气还是为了他好？

第三步问自己：同样的事，我说过没有？有用吗？如果没用，我尝试改变沟通的方式了吗？

举个例子，比如写作业的时候，孩子凳子坐得距离桌子有点远，你就忍不住要说他，让他坐近一些，写字更舒服。这时候你想起"三步缓冲法"了，你就问自己——

第一问：孩子写字距离书桌远一点，这是个问题吗？

答案：这不是啥问题。好了，后面我们就什么也不用说了，你会发现，你啥也不说，孩子自己不舒服的时候，他会调整桌椅的远近。

再比如，孩子一放学，衣服就往沙发上一扔。你忍不住就想唠叨他了，这时候立刻想起"三步缓冲法"了，你就问自己——

第一问：衣服扔在沙发上，这的确是一个问题吗？

答案：是个问题，东西应该物归其位。

第二问：我想批评孩子，是想解气还是为了他好？

答案：如果沟通的语气和态度是友好的，我就是为了他好。

第三问：同样的事，我说过没有？有用吗？如果没用，我尝试改变沟通的方式了吗？

答案：同样的事我说过多次了，看来我需要想好如何有效沟通再张口。

三步缓冲法，可以很大程度地减少亲子矛盾，减少无谓的唠叨，改善亲子关系。

【肯定性鼓励】

这是一个扭转亲子关系的沟通方式。我们说孩子如果要长身体，需要各种食物来补充营养。同样地，孩子如果要长心智，也需要补充心理的养分，也需要精神食粮。"肯定性鼓励"就是补充精神食粮的非常好、非常有效的沟通方式。

它具体的公式是这样的：

正向行为 + 影响 + 感受 = 肯定性鼓励

所谓"正向行为"就是家长看到的孩子好的表现，这里有一个重点是，我们在描述孩子好的行为时，一定要去除评判，尽可能客观地进行描述。也就是看到什么就说什么，听到什么就说什么，不表扬也不评论。

所谓"影响"就是孩子好的行为对大人带来的影响是什么。

所谓"感受"是指大人当下的心情和内在情绪如何。

举个例子，比如孩子看到妈妈下班了，给妈妈倒了一杯水。

肯定性鼓励就这样说：

"宝贝给妈妈倒了一杯水，我正口渴呢水就来了，真是太幸福了。"

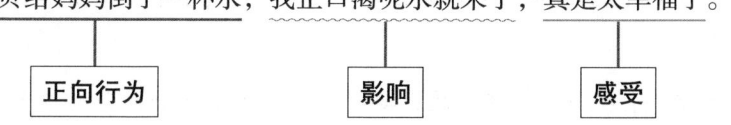

| 正向行为 | 影响 | 感受 |

再比如，孩子今天吃饭吃得很香，肯定性鼓励可以这样说：

"宝贝今天吃了三碗饭，我感觉今天我做的饭好香呀，我太有成就感了！"

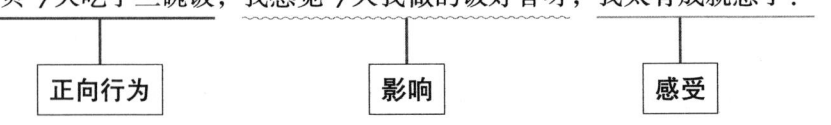

　　　正向行为　　　　　　影响　　　　　　　感受

再比如，今天孩子早早写完了作业，肯定性鼓励可以这样说：

"刚八点宝贝的作业就全部完成了，我们可以轻松去散步了，感觉好舒心啊。"

　　　正向行为　　　　　　影响　　　　　　　感受

肯定性鼓励能带动孩子的正向情绪并增加孩子的正向行为，如果我们能每天最少三句，长期刻意坚持做这件小事，你会发现孩子的成长越来越轻松。

【故事沟通法】

　　沟通是一个需要用心的过程，如果我们只是想说就说想吼就吼，这样随性而为是无法教育好孩子的。要想使用好"故事沟通法"更是如此。但是这个方法非常好用，只要你慢慢驾驭了这个方法，你就会爱上它。你会发现它的沟通效果非常棒！

　　千万不要以为这个方法只适合小孩子，其实故事编好了，从孩子到成人都是非常适合使用的。我2014年在和家长们沟通的时候讲过一个小故事。

　　我们就把这个故事叫《小猪爬树记》吧。

　　　　猪妈妈参加完家长会之后有些沮丧，因为同桌的小猴子同学爬树比赛得了第一名，小猪同学竟然是倒数第一名！

　　　　为了让小猪不要落后于其他同学，猪妈妈想了帮助孩子成长的三个方案。

　　　　方案一：和小猪深谈一次，要耐心地告诉小猪如果会爬树会是多么美好的一件事，让小猪相信自己和小猴子没有差别，要相信自己，一定也能爬上高高的大树。

方案二：让小猪去上爬树培训班，虽然贵，但也必须要上。同时跟培训班的老师交流，小猪如果能通过训练爬上树固然很好，不过更重要的是一定要多多给小猪鼓励（说实话，花钱不就是为了这点吗？），因为小猪从学校里已经受到太多打击了，需要找回爬树的信心。

方案三：让小猪从思想上真正认识到如果不会爬树的严重性，他有可能这一辈子，走到任何一个地方都会"低猴一等"，如果小猪还不能好好努力学习爬树，就要承受相应的惩罚，比如"一个月不让吃饱饭"。

猪妈妈给猪爸爸说了这三个方案，猪爸爸感觉猪妈妈说来说去还是老三样：要么讲道理，要么就花钱，或者惩罚……太没有教育方法了！

所以猪爸爸又整理了一套帮助小猪的方案：

1. 让小猪观察小猴子，看看人家为什么能爬上树？猪爸爸认为是小猴子好动，所以体态轻盈，爬树肯定动作敏捷！所以当务之急是：减肥计划。

2. 给宝贝买一双名牌的爬树鞋、爬树服，该花钱就花，该支持孩子就支持孩子，这时候不花钱什么时候花，花多少钱都是必须的。

3. 先找一棵斜着长的树让小猪爬，这样可以循序渐进，从易到难，说不定不知不觉小猪就会爬树了。

4. 和小猪聊一聊如果将来他爬上树了，他最想完成一个什么高大上的心愿，用目标来激励孩子。

5. 在自家院子里专门种一棵供小猪练习的树，在树干上每隔三十公分挂上一个小猪最爱吃的食物，为了吃到这口好吃的，相信小猪也会好好爬树。

6. 每周和小猪谈心，让小猪时时提高对爬树的重要性的认识！发现有学习态度不端的问题，就一定要立刻拔除思想的毒苗！

7. 和小猪一起制订奖励清单，只要小猪爬上去了，就立刻奖励，送小猪一个他最喜欢的玩具或礼物。

看着这套方案，猪妈妈也不禁开始佩服猪爸爸了，夫妻俩真的对这套方案都信心十足，就差落实了。

就在此时猪奶奶来了，奶奶听见这夫妻两个对小猪的计划，嘴里就自言自语地嘀咕道："我的宝贝孙子呢？我活了一辈子，还第一次听说猪需要上树，让我孙子上树去干吗？猴子会上，让他去上不就得了吗？"

一盆凉水，让猪爸爸和猪妈妈忽然清醒了：是啊，干吗非要猪上树？猴子会爬树，那我家宝贝会的是什么啊？

于是想到就开始行动，猪爸爸和猪妈妈立刻又拿起十足的劲头开始找小猪到底最擅长的是什么。

不找不要紧，一找吓一跳，原来小猪有这么多地方都是明显比猴子占优势的：

1. 我家小猪可会交朋友了，人缘好，会体贴人会关心人，温和的好脾气真是人见人爱。

2. 我家小猪心胸开阔，对人宽容。爸爸妈妈、老师同学，对他的好他都记得，对他的不好他常常不计较，能原谅。所以是一只快乐的小猪。

3. 我家小猪坚强、自信、更自爱。小脸圆嘟嘟，小腰胖乎乎，可是他从来都不认为自己的身材有问题，照样很喜欢自己，这是多可爱的自信啊！

4. 我家小猪聪明冷静，做事细心，从不毛躁，学什么虽然慢点，不过学会了就能用心做好，有前途的猪不都是这样能踏踏实实做事的猪吗？

5. 我家小猪鼻子可灵了，嗅觉比狗都强。国家的警校都开始设立特招了！（说到这里，猪妈妈仿佛已经看到警校的警服在向小猪招手了。）

6. 我家小猪适应能力极强，身体也壮，不管什么环境，他都能吃得了苦，享得了福。做大事的猪都是这样的啊！

7. 我家小猪特别会照顾自己，天塌下来，也照样该吃就吃，该喝就喝，该睡就睡，沉得住气！这一点不知多少人都应该向我家小猪学习。

还有好多，好多……

猪爸爸和猪妈妈越总结越开心，也越感到庆幸！

幸亏啊，如果按照之前的方案严格执行，当真有一天我家小猪上了树，可能他这些优势也全都给磨没了，那可是得不偿失。那个时候，我家这只会上树的小猪可能一辈子只能很累很累地和猴子比到底谁能爬得更高、爬得更快了！

正在听故事的家长们，你们有人正在训练小猪上树吗？

故事讲完了，你领悟到了什么？我的沟通成功了吗？

你可能觉得，这样编故事太麻烦了，自己的想象力似乎也不够。其实做起来并不复杂。讲一个我和小外甥女沟通时的小故事。

那天，我和小外甥女还有我妹妹一起散步，一阵风吹过来把孩子手里的一张小贴画给吹跑了，贴画被吹到马路上，眼看一辆车开过来，孩子急眼了，就对妈妈尖叫着大吼说："你快给我捡回来！你快给我捡回来！"我妹妹一听她这个语气，生气极了，也吼着说："你对大人啥态度？这么没有礼貌！"孩子哇的一声就哭了，说："你不帮我捡，我不喜欢你了！"我妹妹更生气了："你不喜欢我，我还不喜欢你了呢！"说完转身就走了。

我这时拉着孩子的手说："大姨给你讲个故事好不好？"孩子哭着说："好！"（你瞧，故事什么时候都有吸引力，沟通就这样开始了。）我们就边走边说:"今天天气真不错,有两个好朋友晚饭后出来散步,一个名叫小红,一个名叫小蓝,他们开开心心地拿着一张漂亮的小贴纸在公园里溜达。忽然,一阵大风吹过来,哇,不得了,小贴纸被大风吹跑了,贴纸飞啊飞,落在了马路上,怎么办?哇,不得了,对面还开过来一辆车,眼看要轧到贴纸了,小红着急地大叫起来……"

后面我会怎么讲,估计你已经猜到了。你瞧,故事沟通法难不难?其实并不难。我们只需要把人物替换,把孩子的处境客观地表述出来,孩子就能感受到我们对他情绪的理解,并且把事情用人物抽离的状态重新表述之后,孩子能更准确地感受到他人的心情。所以这个故事讲完以后,我的小外甥女就明白了求助大人没有错,但是需要修正自己的态度。也明白了妈妈为什么生气,所以她向妈妈道了歉。而且妈妈在听了我的故事之后,也明白了自己对孩子的心情不够理解,所以主动地向孩子道了歉。于是两个人在一个小故事之后就重归于好了。

如果我当时要做和事佬,直接给孩子讲道理,再劝我妹妹要理解孩子,会不会是这样的效果呢?也许不会,孩子可能不服气,我妹妹也可能会感觉我太惯孩子。所以故事沟通法就是这样好用,你也可以多多使用哦。

总结一下故事沟通法的步骤:

第一步:先在头脑里大概确定一下自己沟通的目的;

第二步:将发生过的事情进行人物替换,改编成虚拟人物;

第三步:放大每个人物的心情和感受,让故事听起来更有趣;

第四步:故事最后启发式提问,引发孩子的思考就足够,如果孩子愿意讨论最好不过。

沟通的策略我就讲到这里,你发现了吗?要想真正沟通好,一颗柔软的心是必不可少的,并且我们要再复习一次沟通的意义。

沟通的意义在于:传递爱的情感和有效传递信息。

我们还要记得：沟通的效果由对方决定，但是方式由自己控制，因为自己可以改变沟通的模式。

这句话我们一定要牢记，因为如果忘记了这句话，我们就总会陷入旧有的沟通模式当中，即便明知道这样沟通下去没有任何效果，我们也固执地不愿意改变方向。因此，在忘记这句话的时候，很多新的沟通方法将没有用武之地。

第二节 情绪带动能力

1. 家长情绪带动能力自测

> 我们长大成人后，会重复我们父母的情感模式。这无所谓好坏对错，这是我们内心深处对"家"的认知。我们不妨冷静地想一想，现在已经不再是童年了，但很多时候，我们对待别人的态度，仍然像对待我们自己的母亲或者是父亲一样。
>
> ——露易丝·海

下面各题是用来检测到目前为止你教育孩子时对孩子的情绪带动能力如何。下面每道题，如果答"是"得"0"分，如果答"否"得"1"分。你只需要根据你和孩子的真实情况作答便可。静下心来，仔细回忆一下生活场景，就可以开始答题了。

序号	题目	是	否
1	孩子开始发脾气你也开始生气了		
2	你心烦的时候孩子越容易出状况		

序号	题目	是	否
3	孩子情绪烦乱时劝说不听你会开始训斥		
4	孩子哭闹时，你常常会妥协		
5	孩子不想做某件事你会一直劝说		
6	孩子常常和你较劲		
7	孩子心情不好时不愿意向你诉说		
8	孩子遇到无法解决的事你想帮他孩子拒绝		
9	孩子表现不好你会很容易生气		
10	孩子说话不算数时你会发脾气		
11	孩子不听话时你会吼叫		
12	你心情不好时不想管孩子		

情绪带动能力得分：_____分

这张卷面，得分越低说明你的情绪带动能力越不足，你还可以对照下面这张表，看看自己到底欠缺在哪里。

序号	题目	如果答"否"说明
1	孩子开始发脾气你也开始生气了	欠缺情绪带动能力
2	你心烦的时候孩子越容易出状况	欠缺情绪带动能力
3	孩子情绪烦乱时劝说不听你会开始训斥	欠缺情绪管理能力
4	孩子哭闹时，你常常会妥协	欠缺情绪管理能力

序号	题目	如果答"否"说明
5	孩子不想做某件事你会一直劝说	欠缺情绪觉察能力
6	孩子常常和你较劲	欠缺情绪觉察能力
7	孩子心情不好时不愿意向你诉说	欠缺同理心
8	孩子遇到无法解决的事你想帮他孩子拒绝	欠缺同理心
9	孩子表现不好你会很容易生气	欠缺情绪觉察能力
10	孩子说话不算数时你会发脾气	欠缺情绪管理能力
11	孩子不听话时你会吼叫	欠缺情绪管理能力
12	你心情不好时不想管孩子	欠缺情绪管理能力

通过自检，我们已经能大致意识到自己的问题有可能出在哪里，下面就让我们进行提高和调整吧。

2. 走出情商提升的误区

"原对话"早已发生，就在我们出生之初——母亲与婴儿目光的交流就是这种对话的"原型"，它与智商无关。在那一刻，你会确信："对整个世界来说，你只是一个人；但对某个人来说，你却是整个世界。"

——丹尼尔·戈尔曼

有位中学生说，他最怕的一件事是：回到家，一进门就感觉到一种低气压，谁也不理他。他就知道肯定又是他做的有些事让家长不满意了。但是通常情况下，假如他追问："妈，咋啦？"妈妈都是眼睛看也不看他，从他身边气哼哼地走过去，继续对他不理不睬。但是如果他也和妈妈一样不说话，要不了几分钟，妈妈就会摔碟子摔碗，让他干什么都无法静下心来。如果这时候他把自己房间门关上想清静一下，那就犯了大忌。妈妈肯定会破口大骂，说的话永远都是老一套，他的耳朵早都磨出茧子了，他都能背下来了："你现在翅膀硬了，动不动就开始摔门锁门了！我为啥不想理你，你还好意思问，难道你自己不知道吗？……"然后就是吧啦吧啦车轱辘话一大堆，妈妈会把骂过他很多遍的话全部翻出来再说一遍。每当这时他就觉得，妈妈根本就不是想教育他，他也没做错什么事，妈妈缺的是个出气筒，拿别人撒气她不敢，所以把他当成了"软柿子"，只要看不顺眼就找碴儿，没事干收拾他"玩儿"！

你看这对母子亲子关系多差。其实十有八九这位妈妈是想帮孩子改掉某些毛病，也或许是想让孩子认识到父母的苦心。但是妈妈却掉进了情商提升的几个误区，因此事与愿违。

家长容易掉进情商提升的误区有四个：

误区一：以为抱怨自己的不满就能让孩子更理解自己或理解别人；
误区二：以为孩子明白了道理就能避免情绪化；
误区三：以为自己的情绪更强烈，才能压制住孩子的情绪；
误区四：以为制造情绪压力，就能让孩子管理好自己的情绪。

下面我一一仔细说明。

误区一：以为抱怨自己的不满就能让孩子更理解自己或理解别人。其实抱怨只会引发抱怨。为什么？给大家科普一个大脑的知识点。

在我们的大脑中，有一组神经细胞名叫"镜像神经元"，它的功能是反映他人的行为，使人们学会从简单模仿到复杂模仿，这是人类进化的最伟大之处之一。我们脑中的神经元网络，一般是储存特定记忆的所在，而镜像神经元则是储存了特定行为模式的编码。这组神经细胞的特性不单让我们可以不假思索地执行基本的动作，同时还能让我们在看到其他人进行某种动作时，自身做出相同的动作。有了镜像神经元的存在，我们人类才能学习新知，与人交往。所以，人类的认知能力、模仿能力都是建立在镜像神经元的功能之上的。我们人脑中存在的镜像神经元，不仅具有视觉思维和直观本质的特性，它对于理解人类思维能力的起源、理解人类文化的进化等重大问题都有着重要意义。我们通过镜像神经元体验别人的情感，理解他人情绪，我们还会因为"镜像"机制产生同样的情绪状态。所以我们才能在看电影看电视的时候产生同理心，根据故事情节产生这样或那样的感同身受的状态。当我们经历某种情绪，或者看到别人表现出这种情绪时，我们脑中的镜像神经元都会活跃起来。换句话说，我们作为观察者与被观察者经历了同样的神经生理反应，从而启动了一种直接的体验式理解方式。镜像神经元甚至是语言建立的基础，美国洛杉矶加州大学心理学家帕特丽夏·格林费尔德曾说："镜像神经元为文化的进化和演变提供了强大的生物学基础……如今我们知道，镜像神经元能够直接吸收文化。每一代人都是通过模仿、观察，来教育下一代人的。"

我们要注意帕特丽夏·格林费尔德提到的这句话："每一代人都是通过模仿、观察，来教育下一代人的。"当我们对孩子抱怨时，不管我们抱怨的文字内容多么正确有理，关键是，我们给孩子呈现的眼神、表情、语气、态度、情绪等，这些都在不断带动孩子的镜像神经元，促使他向我们学习。他通过观察和模仿，只会和我们产生类似的眼神、表情、语气、态度和情绪。而他的镜像神经元又会进一步带动我们的镜像神经元，这就是一个恶性循环。而我们作为父母，明显应该是心智更加成熟的一方，我们理所应当给这个情绪的"能量循环"起个好头，让一切都向着好的方向发展。所以请放弃抱怨的方式，因为这是给孩子做出错误的示范。

误区二：以为孩子明白了道理就能避免情绪化。一个人在心智成熟的路上，有一个标志性的里程碑，就是他开始有能力给自己的情绪一个缓冲了。我们仔细思考，当婴儿刚刚出生，他饿了，就会立刻哭，他渴了就会立刻闹，他有任何一点点的不舒服，都会立刻没有缓冲地转化为情绪表达出来。而当孩子逐渐成熟，对自己的身体、行为，对周围的环境、条件都有了一定的理解和认知，于是他逐步有能力进行判断，这个判断的过程其实也是情绪缓冲的过程。比如，一个五岁的孩子饿了，他产生了饥饿的感觉，他会对自己身体的这种感觉有基本的认知，然后他会观察周围是否有条件，是否有人能满足自己想吃东西的需求。内在的不良感受虽然有，但他不会又哭又闹。整个观察和判断的过程就是这个孩子情绪缓冲的过程。他已经比婴儿时心智成熟了很多。而这份成熟是靠他的认知和经验的积累形成的。

而当一个孩子情绪化的时候，往往都是自己的认知和经验不足造成的。比如，一个小学生一开始写作业就生气。这其实是孩子对写字这件事还没有足够的认知和经验，他不知道一个字写多少遍自己不会出错，他更不知道一道题练习多少次他就能彻底掌握，在这些认知和经验都没有的时候，他就会感到烦躁和焦虑。此时，如果父母给孩子讲很多道理，孩子就算把这些道理都背下来了，他依然没办法真正理解当下的情景。

我们来对照两位家长的做法：

A家长使用的是讲道理："我给你说过很多遍了，你练习的次数多了，这个字就会写了。这有什么好发脾气的呢？赶快写不就完了吗？"家长把类似这样的话说了一遍又一遍，但是孩子还是非常烦躁，最后家长把孩子训斥一顿，孩子哭着开始写作业。

B家长使用的是计数法："宝贝，我能理解你现在有些烦，害怕自己写不好。我们现在开始数一数，这个生字我们在写多少遍的时候，你就彻底掌握了。"孩子依然很烦躁，但开始动手写，一行写完学会了。虽然孩子当天学习还是有些情绪不稳定，但是随着写作业次数的增多，孩子的情绪越来越放松和平稳了。为什么？因为每天家长都在帮助孩子增加认知和经验。

误区三：以为自己的情绪更强烈，才能压制住孩子的情绪。这是很多家长都会犯的错，认为孩子如果乱发脾气，自己就应该表现出更加强烈的情绪，这样孩子就能收敛，其实这种做法副作用很大。前面我们已经讲了镜像神经元，大家应该已经理解，当我们这样做的时候，是给孩子非常错误的示范。更加重要的是，这样的做法短期看起来似乎有效，但是长期来看，孩子的负面情绪的级别也会逐渐攀升。

我们再来科普一个心理学常识"情绪记忆"。是的，我们的情绪是有记忆的。"情绪记忆"是指大脑会针对我们曾经体验过的情绪和情感进行标注和记忆。虽然在当下，引发我们情绪和情感的这些事件可能早已过去，但是针对这些事件的体验却可以鲜活地保留在我们的记忆当中挥之不去。

在日后的人生中，当我们遇到了类似的场景，或者仅仅是遇到了其中某个相似的条件，这些记忆都会被唤醒，那些情绪和情感会被我们再一次体验。比如，我们在热恋的时候听过的一首歌，哪怕已经过了二三十年，再听这首歌，我们当时的那些感觉都会被回忆起来，让我们重温爱情的美好。负面的情绪记忆也是如此。

曾经我听一位女士说她很讨厌自己的妈妈，从小到大都很讨厌她，但是她长大后却反复提醒自己千万不要恨妈妈。她说不是因为孝道或者是道德层面的约束让她这样做，而是因为她在看书时读到过一句话，说："你越恨谁，你就会成为谁。"所以她不能也不想恨，因为她一丁点都不想变成母亲那样的人。她努力了很久，学习很多课程也看了很多书籍想走出童年的阴影。最终促使她真正改变的是什么呢？是她的孩子。

有一天，她家孩子做错了事，在不停地掉眼泪，她忽然从孩子的眼里看到了那种委屈、难过、伤心和不被理解的感觉。那一刻她忽然大脑警醒了，她感觉到这个场景好熟悉，这不就是自己小时候的样子吗？在那一瞬间，她小时候的那些情绪和感受全部被唤醒，一下子都涌上心头。但是与此同时，她又有一个非常意外的发现，她发现自己并没有丝毫想心疼孩子、理解孩子的感觉，反而是看到孩子哭的样子，她更生气了！孩子越哭，她就越愤怒！

她不理解，为什么自己会这样？于是她开始仔细地、认真地探寻自己内在的感受。她发现原来她在投射，她看到孩子的状态就想起了母亲曾经对她的忽略和责难。那时候她年龄小，无法抗争，于是小时候的委屈和不甘，和现在长大以后的愤怒和怨恨叠加在一起，这些混合交织的情绪让她再无法分辨。于是她在没有觉醒的时候，就把这些情绪记忆都误以为是因为孩子不听话带给她的糟糕感觉，就开始打压和批评自己的孩子。其实她无形当中已经在扮演母亲的角色了。妈妈曾经对待她冷漠，经常在她犯错后不想理她，甚至她伤心了，受委屈了，妈妈也不会给一点安慰，更不会关心她、拥抱她。这些温暖的举动都离她很远。每次在她难受的时候，妈妈只会变本加厉地指责她、抱怨她，不断挑剔她的各种不是。

在这一次的自我探寻当中她清醒了，她发现还是在不知不觉之中成为了母亲那样的人。她就问自己："我为什么要这样？我对着自己最心爱的孩子这样辱骂，此时此刻我真的是一个母亲吗？"所以她下决心开始改变自己，她不但想要成为更好的母亲，而且还准备回家修复和自己妈妈的关系，因为她相信这样的决定和改变，对她对孩子都是一件至关重要的事！

误区四：以为制造情绪压力，就能让孩子管理好自己的情绪。我们前面讲到的那个中学生，他的母亲就是试图用"情绪压力"来逼迫孩子改变。这也是很多父母都容易掉进的"坑"。

什么叫情绪压力？就是在帮孩子改正某个错误行为之前，我们先给孩子营造一种非常有压迫感的或者是让孩子非常恐惧的气氛，来引起孩子的注意。很多家长都试图用这一招"镇"住孩子，让孩子重视自己的错误。其实这一招仅仅对低年龄的孩子管用，甚至有的孩子刚刚三五岁，家长就已经不能用情绪压力来镇压他了。

用情绪压力来解决问题的另一个坏处是，当孩子一旦开始害怕你的情绪压力，他大脑中的"情绪脑"就开始启动了。情绪脑又称为大脑的"边缘系统"，它位置靠近脑干，就在衔接左右半脑的胼胝体附近，一般认为是较原始的大脑区域。这块区域的功能主要是掌控快乐、悲伤、恐惧、愉悦等情绪和储存长期记忆。而情绪脑一开始运转，孩子大脑当中负责逻辑思维的"理智脑"就运转慢了，理智脑位于大脑皮层、前额叶区域，主要负责思考、判断、逻辑分析等，理智脑运转速度变慢，孩子解决问题的能力会变低。因此给孩子情绪压力的这种做法不但不能促进孩子成长和改变，反而有可能影响孩子正常处理问题的能力。

3. 什么是情商？

> 有些人能感受雨，而其他人则只是被淋湿。
>
> ——鲍勃·迪伦

很多父母都希望孩子具有高情商，那我们首先需要明确两件事：

第一，什么是情商？

第二，情商的来源是哪里？

第一，什么是情商？ 情商就是运用情绪和情感的力量，影响自己和周围人的能力。

这份影响的能力就是情商。因此高情商，是指有能力利用情绪和情感的力量，将自己和周围的人向着正面方向影响的人。而低情商，是指用自己的情绪和情感的力量，将自己和周围人的能量不断拉低的人。

因此，情商并不是我们通常所理解的如何取悦他人，或者如何控制他人。高情商的最重要表现就是有能力对自己形成正面影响，能管理自己内在的能量，能对自己呵护和友善，也能将这份温暖、坚定带给周围的人。所以高情商的人总是会受到周围人的支持和拥戴。

我见过一个情商非常高的孩子，他从小学开始就是一个娃娃头，在一群孩子中，他总是说了算的那个人，同学们都很喜欢和他玩，也非常喜欢听他的想法。每当他号召大家玩某个游戏，大家就都会随声附和，听从他的安排。他很快乐，也有能力让周围人快乐。他非常有主见，也明确知道怎么沟通可以争取到同学们的配合。他知道怎么和老师互动，面对老师不卑不亢，所以老师有什么事都喜欢安排给他，并且多次选他为班干部，因此他获得了很多锻炼的机会。我们来想一想，这个孩子不论成绩好坏，他将来的发展会怎么样？是的，按照这个方向成长，不出大意外，孩子的发展肯定会非常好！

所以高情商孩子的表现就是：情绪的管理能力强，并且情绪稳定，很少情绪化，即便有负面情绪也知道怎样调整自己；很会交朋友，善于理解他人，善于发现别人的心理需求，知道怎么在合理的范围内帮助别人；善解人意，所以人际关系非常好；遇到困难和挑战，抗挫折能力强，知道怎么提升和调动自己的能力，让自己恢复活力，所以孩子做事更有勇气，解决问题的能力也非常强。

试想，如果孩子是这样一个内心强大、人际关系又好的人，做什么都有人支持，那么他将来的人生有好的发展，这不是理所当然的事吗？

而孩子低情商的表现是怎样呢？

孩子非常情绪化，总要依赖别人的帮助才能心情变好。比如想买玩具，父母不给买，一生气就没完，要么大人不停地哄劝，要么要靠大人满足自己的愿望才能开心起来。解决问题的能力很差，胆小退缩，没想法，特别容易迁怒周围的人。比如妈妈刚才训了他，此时奶奶关心地进行询问，孩子却对奶奶大吼大叫。不能理解他人，总是和不如自己的人比，觉得别人还没自己强！比较任性和固执，听不进去周围人的建议，如果自己的想法得不到别人的同意，就一脸不高兴，玩不起也输不起，甚至开不起玩笑。说话不注意后果，想不到自己说的话会得罪人或伤人。不会交朋友，和谁都很难形成深入交往，所以朋友很少，经常感觉没意思，很孤单。

孩子的情商会阻碍孩子的成长，即便孩子智商高，很聪明，也很难发挥出自己的潜能，而且也很难得到周围人的支持。这样即便孩子学习成绩很好，将来能有多大的发展呢？所以我们看到有很多情商不高、很有才华的人，最后都是怀才不遇！在社会上很难找到属于自己的一片天地。

既然情商如此重要，那么情商的来源是哪里呢？如何才能提高孩子的情商呢？

第二，孩子情商的来源是原生家庭，对孩子情商形成最大影响的人是孩子十八岁前的主要养育人。

是的，情商主要是靠家庭的潜移默化的影响来提高的。很多父母花高昂的费用把孩子送进情商培训机构，想借此来提高孩子的情商。有没有作用呢？作用是有的，但微乎其微。如果家庭中父母情绪化，经常对孩子发脾气，并且固执倔强，经常和孩子较劲，父母的社交能力很低，朋友圈很小，这样的成长环境即便是孩子学习了很多情商课，也很难有实质的提高。

所以，想要提高孩子的情商，父母自身就需要提高情商；想要带动孩子正向的情绪能量，父母自身的情绪管理就很重要；想要影响孩子具有稳定的情绪，父母自身的情绪状态就需要稳定；想要让孩子多交朋友，父母自身就需要具备社交的基本技能；想要让孩子会为人处世，父母自身就需要完善为人处世的能力，这才是孩子情商最重要的来源。所以，父母们，让我们下定决心和孩子一起成长吧。十几年过去，也许你会发现，你本来想帮孩子拥有更好的人生，结果在这份动力之下，你自己却拥有了更好的人生。

4. "情绪倒灌"对孩子的损伤

> 我想，爱你而不用抓住你，欣赏你而不须批判你，和你一起参与而不强求你，离开你亦无须言歉疚，帮助你而没有半点看低你。那么，我俩的相处就是真诚的，并且能彼此滋养。
>
> ——维吉尼亚·萨提亚

孩子的正向情绪能量是非常重要的，这是一个孩子成长的最基本条件。当孩子的正向情绪能量非常稳定时，孩子做事就会有动力，注意力也会更容易集中，心就很容易静下来。

那么如何让孩子拥有正向情绪能量呢？答案是：父母的情绪能量很重要。但是非常遗憾的是，很多父母因为自己的成长经历，或者受自己情商的限制，自身的情绪能量是不足的，因此无法给孩子更多正向的影响；甚至在一些家庭中，还经常会出现"情绪倒灌"的现象。

什么叫"情绪倒灌"呢？在原生家庭中，孩子作为"下游"需要承接"上游"（也就是长辈）给自己的很多情绪能量，只有这样孩子才能身心健康地成长。但是在有的家庭中，出现了相反的情况，就是孩子的主要养育人需要借助孩子给自己补充情绪能量，这种现象就是"情绪倒灌"。这种情况在人际关系中也很常见。

举个例子，今天你在工作中遇到了一些事有些心烦，此时你的情绪能量已经降低了，本来想着给家里人发发牢骚心情就能好一些，但是现实情况却是你刚一开口，家里人在知道你的处境以后，情绪比你还激动、还气愤，甚至反过来指责你很多做得不够好的地方，在这种情形下你不但没有得到安慰，还要反过来安抚家人。这种情况就是进入了"情绪倒灌"。

在这个事件中，原本你是情绪能量低、最需要表达、最需要支持和拥抱的那个人，在"情绪倒灌"中，你的情绪却被迫打断，成为那个需要输出情绪能量的人。这种事发生一次两次其实没有任何问题，但是在一个家庭环境中如果经常这样，你的负面情绪就会持续增加，越来越感觉到在家庭关系中非常心累，非常无力。大人尚且如此，如果这样的事持续发生在一个孩子的身上呢？

这种"情绪倒灌"如果发生在孩子的身上，足以毁掉一个孩子的成长动力。事实上，一个人的心理年龄和身体年龄并不一定相符。很多父母自身的心理年龄都很"小"，心智非常不成熟，他们面对生活的压力，还有孩子的教育问题，一旦开始焦虑和烦躁，自己是没有能力处理好这些情绪能量的。于是有的人就寄希望于孩子，想让孩子听话，想让孩子理解自己，甚至想让孩子安慰自己。这就在逼迫孩子表现出和自己的年龄完全不符的行为，因为孩子的心智成熟度根本做不到在不影响自己状态的情况下帮助成年人提高能量。

比如，有一位单亲妈妈，她刚刚经历了离婚。对于她和孩子来说都失去了一个完整的家，生活中的一切都在动荡，一切都在重组，打击是非常大的。但是妈妈是一个心智还不够成熟的人，人生当中的这份挫折，她没有心力面对。所以经常哭泣，情绪暴躁。加上她不善于社交，就更加缺少负面情绪能量的出口。她的孩子，原本和她一样经历着生活的变动，而且从年龄上来说，孩子更年幼更需要支持，承受能力更差，所以在这场浩劫中孩子的学习退步了，也同样烦躁，经常哭闹，莫名其妙对妈妈发脾气。但是每当孩子不听话，变得烦躁，妈妈就会变得更激动，甚至情绪会比孩子更失控，这时"情绪倒灌"就开始了。

于是事情的结果变成了这样：每次孩子看到妈妈如此生气，甚至被自己气哭了，孩子就被迫开始稳定自己的情绪，努力地尝试安慰妈妈，甚至给妈妈道歉，反复向妈妈表达"妈妈，我爱你""妈妈，不要生气""妈妈，不要哭了……"哎呀，多么让人心疼啊！孩子在逼迫自己成熟，逼迫自己做一个懂事的乖宝宝，逼迫自己给妈妈充当情绪的"垃圾桶"啊。同样经历家庭变故的他，不但不能发泄自己的难过和压抑，反而要把妈妈的那份人生苦难一同背负起来。这是特别危险的！这会影响孩子身心的健康成长。

好，下面我们来检验一下，你有没有让孩子经历过"情绪倒灌"？想象一个场景，如果你的孩子今天作业做得乱七八糟，你的表现是什么？

第一，你会不会在批评他的时候越批评范围越大，从孩子的学习扯到孩子的生活习惯，再扯到其他，并且越说越生气？在生活中这样的情况多吗？

第二，你会不会在发现孩子作业乱七八糟的同时，火气立刻上头，情绪一下子蹿起来，想压都压不住，感觉有些话不吐不快，一定要说出来才解气？在生活中这样的情况多吗？

第三，当孩子开始解释，你是不是听不进去，感觉孩子说的每句话都是在给自己找借口、找理由，所以孩子说不上两句，你就会继续批评他？在生活中这样的情况多吗？

第四，你会不会在批评孩子的时候，说着说着就开始诉说自己的辛苦，诉说自己的不容易，让孩子要懂事一些，让自己省心一些？在生活中这样的情况多吗？

上面任何一条都是在进行"情绪倒灌"。如果你自己曾经经常经历这些，那你很可能就已经受原生家庭的影响，导致自身的情绪能量是匮乏的。如果你正在让你的孩子经历这些，你的孩子就正在承受你的"情绪垃圾"。

注意：我们并不需要指责我们的原生家庭。因为没有谁的人生是完美的，我们都或多或少有着这样或那样的人生缺憾。并且我们要知道人生分为两段，一段是我们的十八岁前，这时原生家庭的影响力巨大。另一段是我们十八岁以后，这时我们的自由意志将会决定我们的人生走向。十八岁后我们完全可以选择弥补我们原生家庭的缺憾，我们完全可以选择不断成熟我们的心智。

面对原生家庭，我们该有的态度是：感恩我们的原生家庭带给我们的一切正向影响，这是我们人生的起点；觉察我们的原生家庭带给我们的一切负面影响，这是我们人生的功课。

说回到"情绪倒灌"。当父母让"情绪倒灌"不断发生在孩子身上,作为父母是非常自私并且非常幼稚的,他还没有意识到身为父母应该怎么做。此时此刻,父母只想宣泄自己的情绪和压力,想让孩子明白大人的心情,理解大人的处境。但他们忘记了,站在他对面的只是一个孩子,他弱小的肩膀根本扛不起这么大的负担。

所以经常经历"情绪倒灌"的孩子会变得非常没有安全感,也会更自卑,更焦虑,有的孩子甚至会反复啃指甲、撕肉刺,甚至把手撕烂了还忍不住想撕,有的孩子还会出现不断拔头发的行为。为何会这样?因为孩子很自责,他不知道怎么做才能让父母满意。他们只能在父母情绪失控的时候,假装自己懂事,或者强迫自己理解,其实他们内心非常敏感脆弱。这些孩子在青春期后,出现抑郁或者焦虑等心理问题的比例会大大增加。

所以,有的家长想不通为什么孩子十几岁就抑郁了,为什么孩子小小年纪就焦虑了。没有什么事是突然发生的,冰冻三尺非一日之寒!最可悲的是,孩子从小受到了这种"情绪倒灌"的伤害,长大后他们也会用同样的方式对待自己的孩子,甚至用"情绪倒灌"的方式对待自己的爱人,所以婚姻关系往往也是一团糟。这就是原生家庭埋下的雷。所以,如果你正在这样,该喊停了,只要你愿意,恶性循环就能在你这里停止。

5.家长如何走出"低能量"状态?

>可能问不可能:"你住在什么地方?"
>答曰:"在无能者的梦里。"
>
>——泰戈尔

在这个篇章里,我会给大家一些管理自己情绪的心理学方法和策略,让我们一起行动起来吧。

【情绪接纳法】

你们知道让一个人情绪变平稳的最好方法是什么?就是接纳他的情绪。对自己也是一样。

举个例子,比如今天你和爱人吵架了,我们来对照下面的两种安慰方式。

第一种:

"这有啥好难过的呀!"

"结婚过日子不就是这样吗?"

"你想的太多了,不至于这样吧!"

"哎呀,你老公就够好的了,我老公才不是东西呢!"

……

这种安慰方式感觉如何?仔细体会一下,你有没有感觉对方越劝你越不开心,感觉对方根本就理解不了自己?好,再来看另一种:

"我知道你听到他这么说心里很难过!"

"我能感觉到你这些年特别不容易。"

"他的那句话让你心里特别不好受。"

"你现在特别委屈,特别伤心。"

……

感受一下这几句话和前面的区别,哪个会更让你感觉到安慰呢?明显是后者对吧?后者就是使用了"情绪接纳法"。

我们来对比一下前后两组对话。第一组的每句话其实都在否定对方的情绪,并且让对方感到自己的情绪并不应该出现,每句话的背后都有指责的味道,每句话的意图都是想制止对方宣泄情绪。第二组刚好相反,每句话都在认可对方情绪,并且让对方感受到自己的情绪是合理的、是被理解的、是被接纳的,宣泄情绪是可以的,因此对方反而能更好地放松下来。当对方愿意诉说,作为倾听的一方,作为给对方输入情绪能量的一方,我们就只需要点头,不断认可,对方的情绪能量就会恢复。这样的做法对孩子也同样奏效。

情绪接纳法更多使用的句式是:

"我能感觉到……"

例如:"我能感觉到你现在非常生气。"

"我能理解……"

例如:"我能理解你现在非常不好受。"

"你现在的心情……"

例如:"你现在的心情很差。"

"这件事让你感觉……"

例如:"这件事让你感觉很糟糕。"

"你的感受……"

例如:"你的感受很不好。"

常常在孩子有负面情绪的时候说类似这样的句式,孩子会充分感受到大人对自己的理解和关怀,会大大促进亲子关系,同时家长带动孩子正面情绪的能力也会大大提高。

【情绪承担法】

2016年3月,在河南安阳发生了一起人咬狗事件。当时王先生在马路上行走,被一只未牵绳的家养宠物犬咬伤,王先生被咬伤后竟然不顾流血不止的小腿,一路追赶,直至抓住这只宠物犬,在其脖颈上狠狠咬了一口,致使宠物犬受伤,因此王先生和狗主人发生了纠纷。狗主人认为,自家宠物犬咬伤王先生是有错在先,但是自己是愿意承担责任的,也愿意为王先生进行及时医治。可是王先生竟然咬伤了宠物犬,狗主人认为王先生也应该负相应责任。

您对这件事怎么看呢?是啊,按照常理,我们被狗咬伤了,肯定是第一时间先处理自己的伤情,然后再说其他。怎么会不顾自己的安危使劲去追狗,最后引发更大矛盾呢?看起来这件事非常荒唐,但是你可不要把这件事仅仅当一条新闻或一个笑话来看。在日常生活中,这样不顾自己去"追狗"的行为,甚至追上去"咬狗"的行为并不少见。

比如,你今天本来心情挺好,开车上班路上忽然有人就别了你一下,你被对方的动作吓了一跳,于是生气了——你气不过就开始"追狗"了——你也要别他一下,然后那个人感觉到你要找事,继续和你杠上了,最后的结局很可能是你们打开车窗大吵一架。你看开始"咬狗"了。这就是放弃了自己情绪的控制权,让对方牵着鼻子走。

"情绪承担法"就是我们要为自己的内在能量承担起责任,大人能做到这一点,孩子也就耳濡目染地学会为自己的情绪负责,也会慢慢地不再随便乱发脾气,所以家长的示范非常重要。具体怎么操作呢?

第一步:觉察。

这是最重要的一步,当我们情绪上头的时候,如果没有这一步我们就是随着本能反应,随着本能行动。而有了这一步你就从本能中"叫醒"了自己。

如何觉察呢?只需要问自己一个关键性问题:"我现在是什么情绪?"不管谁是谁非,先把自己的情绪感受找到再说,这样之后你做的任何选择都会更明智。

第二步：照顾自己，为自己的情绪承担责任。

有句话说：这个世界上没有人能伤害到你，除非你允许。先不管谁是谁非，情绪的好坏都是自己可以决定的，所以下决心先关照自己。

如何照顾自己呢？情绪上头的时候，喝杯水，深呼吸，看看窗外，眺望一下天空，都非常有效。缓冲一阵子，也许几分钟，也许一小时，总之情绪平复了，你会发现你的智慧就回来了。

第三步：在理智和智慧回归后，再看事情怎么解决。

到了这一步，你已经神清气爽了，此时你会发现你能做出更恰如其分的选择。

【情绪觉醒法】

人们为什么特别容易和家人发生矛盾？其实最重要的原因就是越亲密的人越容易唤醒我们的"情绪记忆"。这些情绪记忆大多数都是我们童年的伤，是埋藏在潜意识里随时会引爆的雷。

每个人的"雷区"不一样，有的人因为童年被很多负能量的、打压的方式对待，因此可以说全身布满"雷区"，一不小心就被点炸。而有的人童年被很多正能量的、友善的方式对待，自己的身上就没有什么引爆点，所以性情从内到外都渗透着和顺的气息。但是不管怎样，我们都要记得一句话："情绪模式代代相传！"好的情绪模式或者糟糕的情绪模式都是如此。因此我们就需要不断提高我们自身的情商，让孩子从我们身上继承到更多正向的"家产"。

情绪觉醒法，就是一种让我们及时从负面情绪中摆脱出来，避免给孩子"布雷"的一个有效做法。怎么操作呢？

第一步：警觉。

你可以询问自己一个问题："当下这个感觉熟悉吗？"如果你经过细细品味，感觉到当下的场景和感受都非常熟悉，那么我们就应该警觉地发现这种糟糕感受并不一定是眼前的这个人给我带来的，很有可能是眼前的某些条件唤醒了我自身的情绪记忆而已。

第二步：缓冲。

当你发现自己已经陷入情绪记忆，就暂时离开当下的场景，比如换一个房间，或者是从站姿换成坐姿。当你调整自己的位置，你会发现你的负面情绪在降级。

第三步：确定。

再次询问自己："现在的情绪能量足够让自己平和地解决问题吗？"如果答案是确定的，你再进一步开始和对方沟通解决问题。如果答案是否定的，就给自己足够的缓冲时间。

举个例子来说：今天孩子吃饭弄了一身油点儿，你一看非常愤怒，认为孩子太邋遢了。你的直觉反应是很想立刻吼他一顿，但是这时候你想到了"情绪觉醒法"，你一个大喘气，然后在心中问自己：

"当下这个感觉熟悉吗？"

经过你的细细品味，你想起来，你年幼的时候曾经因为弄脏衣服被妈妈狠狠骂过，那时候的感觉真的很委屈，你只是被当下的情景唤醒了童年的情绪记忆。然后你就进行了第二步：缓冲。你站起来，到厨房里给自己盛了一碗汤，然后回来感受了一下自己的负面情绪的级别，现在情绪已经基本趋于平稳了。

第三步，你再次向自己确定："现在我能足够平和地处理这件事吗？"答案是肯定的，于是你平和地开口说："宝儿，趁身上的油点儿还好洗，赶快先去洗洗。会洗不？需要妈妈教你吗？"于是你教给孩子清洗衣服的技能，孩子开开心心地和你一起学会了怎么把油点儿洗得干干净净。

第三节　管教能力

1. 家长管教能力自测

> 对生命早期遇到过的良善之人的内化是繁衍性、创造性的基础。这种力量会发展为"关怀"品质,是物种赖以生存的世袭任务。
>
> ——琼·埃里克森

下面各题是用来检测到目前为止你管教孩子行为的能力如何？每道题,如果答"是"得"0"分,如果答"否"得"1"分。你只需要根据你和孩子的真实情况作答便可。静下心来,仔细回忆一下生活场景,就可以开始答题了。

序号	题目	是	否
1	经常定计划却无法很好执行		
2	在孩子表现好的时候经常给奖励		
3	经常给孩子许诺一些物质奖励		
4	给孩子的许诺有时候不兑现		
5	孩子表现不好会惩罚孩子		

序号	题目	是	否
6	孩子表现不好会吼叫训斥		
7	孩子表现不好有打骂现象		
8	孩子经常说话不算数		
9	孩子哭闹或发脾气大人会妥协		
10	孩子甜言蜜语大人会妥协		
11	孩子大部分的行为需要靠提醒		
12	孩子经常不服从家长管理		

您管教孩子行为的能力得分：_____分

这张卷面，得分越低说明你管教孩子行为的能力越不足，你还可以对照下面这张表，看看自己到底欠缺在哪里？

序号	题目	如果答"否"说明
1	经常定计划却无法很好执行	欠缺原则的坚定性
2	在孩子表现好的时候经常给奖励	欠缺正确观念和管教技巧
3	经常给孩子许诺一些物质奖励	欠缺正确观念和管教技巧
4	给孩子的许诺有时候不兑现	欠缺原则的坚定性
5	孩子表现不好会惩罚孩子	欠缺正确观念和管教技巧
6	孩子表现不好会吼叫训斥	欠缺正确观念和管教技巧
7	孩子表现不好有打骂现象	欠缺正确观念和管教技巧

序号	题目	如果答"否"说明
8	孩子经常说话不算数	欠缺原则的坚定性
9	孩子哭闹或发脾气大人会妥协	欠缺原则的坚定性
10	孩子甜言蜜语大人会妥协	欠缺原则的坚定性
11	孩子大部分的行为需要靠提醒	欠缺管教方法和技巧
12	孩子经常不服从家长管理	欠缺管教方法和技巧

通过自检,我们已经能大致意识到自己的问题有可能出在哪里,下面就让我们进行提高和调整吧。

2. 走出管教孩子的误区

> 在六岁左右孩子就需要父亲的权威和指引。母亲的作用是给予孩子一种生活上的安全感，而父亲的任务是指导孩子正视他将来会遇到的种种困难。
>
> ——埃里希·弗洛姆

每位家长都想养育出一个前途似锦的孩子，可是家长们在遇到孩子的各种负面行为时却常常不自觉地走进了一些管教孩子的误区。

常见的误区有四个——

误区一：以为大量表扬就能让孩子获得信心，增加好行为；
误区二：以为严厉批评就能让孩子认识错误，改掉坏行为；
误区三：以为惩罚可以让孩子长记性，去除糟糕行为；
误区四：以为满足孩子，就能获得信任，增加好行为。

下面我一一详细说明。

误区一：以为大量表扬就能让孩子获得信心，增加好行为。现在越来越多的家长已经知道批评和否定式的教育对孩子身心健康的负面影响远大于正面影响，所以家长们就开始大量使用表扬。其实这只是从一个坑掉进了另一个坑而已。

心理学家阿德勒曾表明：表扬和批评只是"用糖还是用鞭子"的区别，背后的目的都是"操控"，而教育的目的应该是让孩子能够"自立"。因此我经常在讲座中和家长们这样形容表扬："表扬好比是糖果，偶尔甜一甜，没有任何问题，但是糖果吃多了会蛀牙。"其实从孩子的成长来说，孩子最需要的是鼓励，而非表扬。

我们来看看这两者的定义有何不同吧。

什么是表扬？表扬是依据一定的标准，给予认可和肯定的行为。这里的核心关键词是"标准"，那么我们要思考了，这是谁的标准？

汤圆是个九岁的三年级男孩，他用了两个半小时终于写完了全部的家庭作业。当他拿给妈妈检查的时候，妈妈说："你的字怎么越写越乱了？你用了这么长时间写作业，就写成这个样子拿给我看？你咋回事？"汤圆很委屈，说："我觉得我写得不乱。"妈妈说："你把作业写成这个样子还不乱？你要写成咋样才算乱？"就这样大人和孩子开始因为乱不乱的问题争论，最后母子两个情绪一路攀升，妈妈把孩子骂了一顿，孩子哭了一场，这事就这么不了了之了。

在这场亲子矛盾中，最核心的问题就是出在了"标准"上。妈妈依据的是自己的标准，但是孩子也有自己的标准。在这样的状态中妈妈已经忘记了自己教育孩子的目的是什么，一味地执着于自己的标准和孩子争论不休。如果这位母亲当时能够清醒过来，就能意识到她此时最应该有的想法是：帮助孩子确定自己进步的标准，然后鼓励孩子实现，这才是引导孩子走向自立的正途。

大人在表扬一个孩子的时候，依据的往往是大人制定的标准，这样的表扬偶尔出现，孩子会因受到肯定而开心愉悦，但是如果经常出现，孩子反而会感到压力重重。因此经常有家长这样对我说："为什么我家孩子不喜欢我表扬呢？我一表扬他，他就让我不要说了。"原因就是因为你在依据自己的标准评价他，孩子在你张口的那一刻就已经感受到了你的"操控"，他很明白你的表扬无非就是希望他以后都能符合这个标准，孩子因为压力而抗拒。

表扬还象征着一种权力，一个人表扬另一个人，其实是在表明一种身份上的不平等。所以表扬偶尔出现在老师口中，偶尔出现在家长口中，老师和家长作为孩子的管理者，这样的表扬的确对孩子是重要的肯定，但是如果经常出现，孩子就会感受到自己处处被评价、处处被设框的压抑感。所以经常被表扬的孩子，很有可能变得脆弱和讨好，这对孩子的身心健康也是不利的。

过度表扬还会让孩子对自身的认知产生偏差，每个孩子都需要在成长的过程中越来越加强对自己的认知，所以如果我们经常引导孩子观察自己，孩子对自己就会越来越了解，他会因为这份了解而发现自己的进步，因此他会由内而外感受到自己进步的喜悦。但是如果我们经常给孩子大量表扬，孩子就会一直追求外在的标准，当外在给到他的评定是正向的时候，他会开心，当外在给他的评定是负向的时候，他会失落。孩子就失去了自己做主的机会。

过多的表扬还会让有的孩子陷入过度自恋，从而产生脱离客观的"迷之自信"，过度渴望外在的赞美，这也是对孩子产生的巨大负面影响。

我们再来看看鼓励的定义是什么。

所谓鼓励就是鼓舞、激发、振作对方精神，使之提升内在力量的行为。

核心关键词是什么？是力量。是谁的力量？是受鼓励者的力量。当一个孩子受到家长的鼓励，就是家长在帮助这个孩子提升内在力量，这个过程是以孩子为中心，并且以增强内在力量为目的，因此鼓励是在任何教育场景下都适用的，包括孩子的正面行为和负面行为。

所以要想修正这个误区就是，孩子需要的是大量鼓励而非表扬。

误区二：以为严厉批评就能让孩子认识错误，改掉坏行为。批评是教育孩子非常重要的一种方式，很可惜很多家长并不会批评孩子。常见的错误批评孩子的方式有以下三种：

第一种就是我们特别喜欢翻旧账，有的家长嘴特别"碎"，每次批评孩子都要从盘古开天辟地说起，孩子都不知道大人的重点到底是什么，像这种批评不但没有任何意义，还会让孩子对大人产生抵触心理，感觉大人在拿他说事而发泄自己的情绪。

第二种错误的批评方式是：喜欢夸张，生怕说得轻描淡写孩子就不长记性，或者孩子对自己的错误没有感觉，试图以此警醒孩子。其实这种批评孩子也会非常排斥，他会觉得大人在故意夸大其词，说的根本就不是事实，所以孩子很可能在内心当中不服气。因此这种批评也要避免。

第三种错误的批评方式是：东拉西扯。比如本来是想说孩子今天早上迟到的事，结果一会儿扯到孩子不爱学习，一会儿又扯到他没有责任心，甚至扯着扯着扯到孩子和爸爸学了什么坏毛病，一身的毛病都是胎里带……你瞧瞧，这种批评谁能受得了呀？用错误的批评方式对待孩子，表面上看孩子一直在听，但很有可能他只是硬着头皮在熬时间。这样的批评还有什么意义呢？

那么什么叫作批评？批评并不是我们以为的骂孩子一顿或者是对孩子发一顿脾气。批评是指：找到不足，进行分析，并发现修正方法的过程。批评是以问题为核心，以孩子为主角，一起研讨和解决问题的过程。

误区三：以为惩罚可以让孩子长记性，去除糟糕行为。这个误区的关键问题就出在三个字——长记性。好多家长总想让孩子长记性，企图说一次、吼一回、打一顿、骂一场、罚一下，就能让孩子记住苦头，不再犯错。其实反映出来的只有一个真相：家长没有耐心！

孩子的好行为都是在多次的重复练习之后才能变得稳定，这个世界上的每个孩子都不可能一个好行为出现一次，就永远保持。他一定会反反复复，在对对错错中，做对的几率越来越大；在进进退退中，进步的行为日趋稳固，这是每个孩子必经的成长之路。

如果我们总是试图一次性解决问题，这不仅对孩子是一种折磨，家长自身也会平添很多焦虑。所以请对自己说：耐心一点，再耐心一点，耐心是给孩子最好的爱。

当然有的家长说，孩子没长记性，那就多骂几顿，多打几顿就好了。的确，这样孩子是长记性了，关键是他记住的是什么？是家长想要的结果吗？不是，他一定会记住父母对他的暴力，一定会记住父母对他的否定和责难，而家长想让他记住的那些好行为却无法实现。为什么？因为孩子犯错是欠缺能力，而能力是在正确的练习之后才能提升，骂他打他惩罚他，他不会的还是不会，他缺少的还是缺少。

有一个孩子，每晚写作业都在东摇西晃，每当家长看到孩子这副嘟嘟瑟瑟的样子就气不打一处来，说了孩子好多次孩子依然改不了，就打了他一顿。时间久了事情慢慢演变成"每日一打"，只要写作业，孩子肯定避免不了要挨一顿打。但是孩子的问题却依然没有得到解决。为什么？

因为这个孩子主要的问题是专注力的持久性不足，家长除非帮助他提升专注力持久性，否则怎么罚怎么打问题都不可能消失。

误区四：以为满足孩子，就能获得信任，增加好行为。这个误区也非常常见。很多家长看不到孩子的能力不足，总想着只要每天把孩子哄得高高兴兴的，孩子就应该好好做事。台湾作家张德芬曾经讲过一个故事，她说：一个男子下班经过一条漆黑的暗巷，看到一名女子在路灯下找东西，这女子非常着急，男子停下脚步想助她一臂之力。男子问："你在找什么？"女子焦急地回答："我在找钥匙，丢了钥匙我无法回家！"男子问："大概掉在哪个位置，我帮你找。"女子指着暗处说："我在那个暗处掉的。"男子诧异道："那你怎么不在那找？"女子理直气壮地回答："那里没有灯呀，怎么找得到？"

何处掉的在何处找。这么简单的小道理，我们却常常犯糊涂。所以，当我们爱孩子为孩子付出的时候，纯粹一点。而孩子表现不好的时候，我们就静下心来好好观察孩子，看看他到底欠缺什么能力，然后耐心地帮助他提升。千万不要把"自己付出了多少"和"减少孩子犯错"这两者经常联系到一起，否则后患无穷。

有一位妈妈就是这样，每当孩子表现不好，妈妈就会历数自己为孩子的付出，然后指责孩子不争气，抱怨孩子辜负了自己。到后来孩子就全盘否认了妈妈的付出，认为妈妈所有的付出都是有企图心的，都是为了让他满足家长的要求。孩子说："这样的付出我不需要。而且你们对我付出的时候也没有经过我同意，所以也不要要求我记你们的好！"多么可悲的亲子关系。

这几个坑在孩子年龄小的时候，对孩子对大人的困扰都会比较有限；但长此以往，对孩子人生的负面影响将会非常大。

3. 你的眼光和情绪能量正在塑造孩子

"我从哪儿来,你是在哪儿捡到我的?"婴孩问母亲。

母亲将婴孩搂在胸前,笑着回答道:"你曾经是藏在我心里的愿望,我的宝贝。"

——泰戈尔

在同一个班级中,有两个不平凡的孩子,一个孩子自带光环,一个孩子头上长角。

开始的时候,这两个孩子看起来和其他孩子并没有什么不同,是他们的父母首先发现了他们的特别之处。

头上有光环的那个孩子,父母发现这个孩子是不可多得的好孩子,做什么事都是多教几遍就能学会,作业写得仔细,写不好还会要求自己一擦再擦,一定要写好才行。他还能体贴地给大人帮忙,虽然有时候做得不好,不过这份心真难得。在学校里,他上课喜欢回答问题,有时候举手速度比老师提问速度还快,回答问题的时候还能提出和老师不一样的想法,真是爱动脑筋。下课和同学玩得开心,如果和同学有矛盾的时候,他也能果断处理,即便得罪了同学,他也会坚持自己的观点。

那个头上长角的孩子就不要提了,他的父母发现这个孩子从小就是来"讨债"的。做什么事都要让人教好几遍,作业写得乱不说,还擦过来擦过去,真是烦人。有时候自己的事都没做好还想帮大人的忙,帮个忙也帮不到正点上,简直就是来添乱的。上课回答问题,老师问题都没有问完他就举手,真是不尊重老师。他说的还常常和老师要的答案不一样，真不知道他有没有认真听讲。下课和同学常常发生矛盾，得罪了人还不道歉。脾气倔得不得了，小小年纪就开始叛逆，有了错说也说不得，这样没礼貌，简直烦人透了！

两位父母和老师经常交流，想让老师帮助孩子进步，沟通次数多了老师也渐渐发现了这两个孩子的不同之处：他们一个头上有光环，一个头上长角。班里每次发生不好的事，比如：谁的作业没有交？谁弄坏了班里的东西？谁欺负了新来的同学？谁上课顶撞了老师？老师只需要立刻看向那个头上长角的孩子，准没跑，就是他，因为那个孩子头上的角实在是太显眼了！

在老师看到这个孩子头上长角之后，奇怪的是，班里的其他老师和同学都开始看到这个孩子头上的犄角了。

所以现在每天如果发生了什么矛盾，同学们也很容易立刻转头看向那个头上长角的孩子，认为一定又是他的错！

这就是心理学当中的"光环效应"和"号角效应"。

大家发现了吗？前面我所描述的这两个孩子，其实做的是相同的事，行为表现也都是差不多的。可是在他们父母的眼中，在老师们和同学们口中却完全变成了两个样子。

下面我们来详细探讨一下什么叫"光环效应"和"号角效应"。我们先说"号角效应"。

号角效应是指：当一个人主观臆断对对方进行负面定义，就会发现对方很多行为都不受自己喜欢，于是我们就给他"戴"上了魔鬼的角。而在"号角效应"之下，我们又很容易继续负面观察，对方的行为又会继续被我们负面诠释，我们就会更加厌恶对方，这就形成了恶性循环。在"号角效应"中我们很容易用语言去伤害一个人，甚至对他恶意揣测。我们轻易地妄自判断，把他向不好的方向去思考，所以此时我们对这个人其实是非常暴力的。

如果"号角效应"发生在一个孩子身上，这是非常不幸的！那么这个孩子的父母、老师，甚至他生长的周遭环境都会对孩子带来负能量，孩子的成长将会变得非常困难。

什么是"光环效应"呢？

光环效应是指：当我们喜欢一个人，并且对他的行为主观臆断进行正面评价，我们就给他戴上了天使的光环。我们很容易欣赏他，对他的诸多行为做出正面的诠释。我们照样会轻易地妄自判断，把他归向好的方向，而在这样的光环当中，对方好的行为也会越来越多。这就形成了良性循环。在"光环效应"下，对方的自信和能量与日俱增。在这样的氛围中我们对这个人其实是非常善意和友好的。

如果"光环效应"发生在一个孩子身上，这个孩子该是多么幸运！

你想让孩子戴上"光环"吗？那就要记得这句话：

信念会让我们固定焦点！

不要以为只有外人会给孩子戴上"魔鬼的角"，其实很多孩子最初陷入"号角效应"都是从父母开始的，就如同前面的那个孩子一样。

整个事件是怎么发生的？是由我们最初的一些习惯性信念开始的。习惯性信念会让我们看固定的焦点，让我们看不到还有另外的可能！

没有孩子之前，如果我们就感觉生活总是有很多麻烦事，有了孩子之后，这些习惯性的信念就会引导我们把孩子身上发生的很多无关痛痒的行为、不好不坏的行为向着"麻烦""烦人""糟糕""讨厌"的方向诠释，于是"号角效应"开始了！

当我们相信这孩子就是一个"麻烦不断"的小孩，我们的这份"相信"就给这个孩子戴上了"魔鬼的角"。于是，"号角效应"会不断引导我们的眼光，对孩子进行负面观察。

当孩子说了一件事，我们可能会怀疑他在撒谎，此时我们看到的不是真正的他，而是那个长角的孩子；当我们一看孩子，就忍不住纠正他一身的毛病时，我们看到的不是真正的他，而是那个长角的孩子；当我们一看孩子做的事，就看到了他做的很多不如意之处，我们看到的不是真正的他，而是那个长角的孩子。

每当有事情发生，我们就会清晰地看到孩子头上的角，这让我们总是用糟糕的眼光和糟糕的思维去看、去想这个孩子。岂不知，这个孩子还有很多的优点。

是时候还原孩子真实的模样了！

真实的情况是，一个孩子头上没有光环也没有角，他只是一个单纯的孩子。即便有很多次不理想的表现，那早已过去，这一次他完全有权利获得新的机会继续成长。

如果父母和老师不能用全新的心态给孩子这次崭新的机会，不知不觉中，孩子也开始相信自己的头上是长角的，他会觉得自己做出很多负面的举动也很正常！就如同如果一只小动物认为自己是小牛，就自然会吃草，如果认为自己是狮子，就自然会吃肉一样。

你在给孩子头上戴角还是给孩子赋予光环，还是在纯然地发现孩子呢？

真实的情况是，在很多父母的眼里，孩子是长角的，甚至在很多老师的眼里，孩子是长角的。我们不断误会孩子，否认孩子，一次次地重复之后，孩子也相信自己的头上是长角了。

因为在孩子的世界里，什么事只要重复的多了，就会变成真的。孩子开始可能会挣扎会抗争会否认，不过时间久了，他最终会承认自己就是一个糟糕的人。

如果我们做不到客观，一定要给孩子一个定义的话，不如给孩子戴上光环，并且不断证明孩子是有光环的！直至孩子自己开始相信光环的存在！

如果此时你的孩子就在身边，不妨用心看看孩子的光环是否真的很耀眼地在闪亮。

可以肯定的是当我们客观地看待孩子，或者给孩子戴上"光环"的时候，孩子各方面的能量和能力都在持续地被我们向好的方向带动。但愿每个孩子都有这份幸运，能在父母爱的眼光中头顶光环，不断成长。

4. 什么是真正的管教？

> 人生就像弈棋，一步失误，全盘皆输，这是令人悲哀之事；而且人生还不如弈棋，不可能再来一局，也不能悔棋。
>
> ——弗洛伊德

张先生在半月前接到语文老师的电话，说他家孩子不但家庭作业没有完成，还撒谎说把作业落在家里了。后被同学揭穿，张先生的儿子恼羞成怒，下课后和同学打了一架。老师建议张先生回家后好好管教儿子，并且要求孩子写三百字的检查。

张先生愤怒之下接儿子回家，惩罚儿子靠墙站半小时，并且让儿子当晚不管是吃饭还是写作业都不许坐着，只能站着完成。

谁承想儿子作业没有完成的情况不但没有改善，反而半月之内多次发生，每次都是用各种谎言欺骗家长和老师想蒙混过关。张先生在情急之下，狠狠地打了孩子一顿。希望孩子自此能够长记性不再撒谎。

看了这个案例，你认为张先生的做法能让孩子改变吗？

很多家长都和张先生一样误以为管教就是批评、打骂，甚至是惩罚。其实这是对"管教"的误解。管教的真正含义是：管理孩子行为，教授孩子人生技能。所谓管理，是指在特定的环境条件下，以人为中心，由计划、组织、指挥、协调、控制等要素共同组成的活动过程。

家庭就是一个单位，家庭中的父母就是管理者，管理者如果只会粗暴地处理遇到的问题和状况，那是无能和失职。

在家庭中父母针对孩子的管理是指：在家庭环境中，以孩子的身心健康为中心，通过计划、调整、鼓励、游戏、沟通、创造等方式，以爱的滋养为基础，促进孩子成长的活动。

当父母具备这样的管理能力，孩子好的行为才会越来越多。其实这也是一个心智成熟的人自然而然会有的行为表现。心智成熟的最基本标志就是遇到问题不会情绪化，而是会更加平和地、多角度地看待问题，在这种状态下自然会找到更适合当下情景的解决问题的方案。

所谓人生技能是指：孩子在人生路途中将会用到的各种能力。大致包括：沟通能力、情绪管理能力、时间管理能力、人际交往能力、学习能力、解决问题能力、金钱掌控能力、自我激励能力、自我管理能力等。

孩子掌握的人生技能越多，才有可能在遇到各种问题时更从容。

为了达成这个目标，我们一起来思考一个问题：你认为孩子怎样的行为表现，对他的成长最有益？也是你最想看到的？

一种情况是：孩子自信、懂礼貌、爱学习、会自我管理、做事情有效率、会交朋友、会沟通、会管理自己的情绪、诚实、有勇气、解决问题的能力强……我们把这些称为"孩子的优秀行为"。

另一种情况是：孩子固执、情绪化、自卑、没礼貌、厌学、不会管理自己、做事磨蹭、不会交朋友、不会与人沟通、撒谎、胆小、不会解决问题……我们把这些称为"孩子的糟糕行为"。

你喜欢哪种行为呢？是优秀的还是糟糕的？

你肯定会说是第一种！可是现实中的情况到底如何？我们到底让孩子去向了"优秀"还是"糟糕"？

一个常见的生活场景。孩子在写作业，写几分钟就坐不直了，脊背佝偻下来，妈妈就在一旁提醒："坐直。"但是要不了几分钟，孩子的背再一次佝偻了下来，妈妈再一次提醒："坐直。"第三次、第四次，妈妈生气地说："你到底咋回事？为什么就不能坐直写？为什么要让我一遍遍地提醒？你烦不烦啊？"结果孩子开始闹脾气了，干脆不写了。

你瞧，在这种情况下，孩子的优秀行为增加了还是糟糕行为增加了？答案是：糟糕行为增加了。为什么？因为孩子从妈妈这里学会了"只要自己看不顺眼，就可以随意打扰别人"。当然，纠正孩子弯腰驼背是应该的，这里说的是妈妈的纠正方法不可取。反复提醒孩子坐直并不能纠正这个问题，反而会打扰孩子的专注力，让孩子学习无法投入。

再给你举一个例子：孩子在路上看到一个玩具很想要，在家长拒绝后孩子开始使劲哭闹，于是妈妈在反复哄劝都不管用之后，就一顿打骂，最后扯着哭闹的孩子回家了。

在这种情况下，孩子的优秀行为会增加还是糟糕行为会增加？答案是：糟糕行为会增加。因为孩子从妈妈这里学会了"如果有人发脾气，自己就应该表现出更强硬的情绪来与之抗衡"。

因此，我们要警惕：当我们唠叨抱怨孩子，孩子就学会了情绪化；当我们威胁孩子，孩子就学会了撒谎；当我们给孩子做"人肉闹钟"，孩子就学会了依赖你来管理时间……你会发现我们每天辛辛苦苦，但是管教孩子的方法如果不得当，就一步一步地把孩子推向了糟糕的一面！孩子越大，反而越来越不让大人省心。

因此，我们在管教孩子之前，首先要记住一句话：我正在做示范！

孩子从我们所有的行为中，持续习得相同的行为方式！包括解决问题的方式，处理情绪的方式，以及看待问题的角度，这一切才是真正影响他一生的因素。

5. 小心，不要让"妈妈焦虑症"毁了孩子的今天

> 恐惧就是这样一个懦夫，当你触及它的底线，接受事情最坏的结果，然后开始准备和它大干一场的时候，它早就不知道躲到哪里去了。
>
> ——古典

这年头谁都容易焦虑，而心理学研究发现女人比男人更加容易感到焦虑，"妈妈"这个群体，更是如此。

当一个女人有了孩子，生活的一切都开始变得不同：从外在来看，妈妈们平添了很多忙碌；从内在来看，妈妈们的心更是想闲也闲不下来，孩子生活中随便一个小小的举动，就足以让妈妈焦虑半天。

比如：

早晨不起床，没有好习惯怎么办？

起这么早，睡眠不足怎么办？

不好好吃饭，变瘦了该怎么办？

吃得太多，积食了怎么办？

屎屎这么干，怎么办？

屎屎这么稀，怎么办？

睡太晚，影响长个子怎么办？

睡这么早，这么不努力怎么办？

这么兴奋，多动症了怎么办？

不爱和人打招呼，内向了怎么办？

作业这么乱，越来越不认真怎么办？

考得稍微好点就这么开心，太得意骄傲了怎么办？

真悲催，爸爸爱玩手机，怎么办？

真无奈，老人不懂教育，怎么办？

真倒霉，老师看起来好像很厉害，怎么办？

真着急，孩子的同桌好像品质有问题，怎么办？

……

这样形形色色的焦虑无时无刻不伴随着妈妈，这其中无尽的担忧和牵挂，的确是妈妈爱子心切的表现，但也是妈妈心灵能量是否匮乏的外显！

俗话说：母子连心。一个真相是：孩子总是和妈妈进行能量上的互动，感知着妈妈的能量状态，并且努力地和妈妈的状态保持同频！这是孩子爱妈妈的一种表现，也是孩子和妈妈对话的一种方式。所以，你焦虑，同时孩子就焦虑了。

给大家讲个案例。

蛋仔今年小学三年级，他在学校是一个很普通的孩子，成绩中等，作业按时完成，上课守纪律，下课不惹事，有几个好朋友相处得很好，老师们也都喜欢蛋仔，说他是个善良的乖孩子。可是蛋仔妈妈的心里充满了各种焦虑。这一切都是蛋仔的这份"平平常常"惹的祸。蛋仔妈妈感觉这孩子样样不拔尖，没有进取心，将来怎么能有前途？自从蛋仔妈妈有了这个想法之后，越看蛋仔每天的表现越着急，她越来越多地"发现"了蛋仔"表现平平"的原因：比如蛋仔写作业的速度好像不够快，注意力好像也不够集中，学习也不知举一反三，晚上的自由时间好像太多，太喜欢去院子里玩，好像心思没在学习上……

于是，蛋仔妈妈尽全力帮孩子"调整"和"改正"！

时间一天一天过去，蛋仔妈妈却发现，孩子不但没有变得越来越优秀，反而对她越来越抗拒，并且对学习越来越退缩和无力。

这其中一个最重要的原因就是：妈妈和孩子一直在进行情绪上的同频，当妈妈焦虑的时候，孩子原本的那份平和就被打破，孩子原本正常的成长也受到了干扰！当妈妈活在竞争心当中不断纠结自己，逼迫自己，孩子就成了承担妈妈焦虑的"情绪垃圾桶"。

岂不知，这其中这么多焦虑的来源，仅仅是因为妈妈的负面观察所导致！当妈妈带着"发现问题"的一双眼睛来观察世界，将会发现这个世界问题无所不在。观察孩子更是如此！

所以如果作为妈妈的你，也在焦虑，请问问自己：

我在观察什么？

我在发现什么？

这两个问题会连接你的内在智慧，会帮助你立刻从焦虑中跳脱出来！

你是否总是担忧"未来"，那只可怕的"老虎"会出现？内心充满焦虑的妈妈，最容易担忧未来，担忧在不久的将来有一只可怕的"老虎"会出现。因此妈妈总想未雨绸缪，不断做各种预防！防止孩子将来被可怕的"老虎"伤害到。还是那句话：真相是，孩子总是和妈妈进行能量上的互动，感知妈妈的能量状态，并且努力地和妈妈保持同频！

当你不断焦虑未来，孩子和你保持同频后，也会感到未来总是令人担忧！有一部分孩子会努力强大自己，焦虑地准备打倒"将来"这只可怕的"大老虎"，而更多的孩子则是开始害怕未来，不想长大！甚至拒绝长大！长大之后也总是活在杞人忧天的状态中，常常焦虑不安，烦躁不已。

当妈妈焦虑的时候，其实"大老虎"已经来临，是你幻化了它，你越焦虑，它就越强壮！看到吗？不必等到未来，就在当下，你和孩子都已经被它伤到了！

不过我告诉你一个小秘密：你可以幻化出一只巨大的老虎，你也可以把它变成一只温顺的大猫，甚至可以让它成为一只乖巧的小猫咪。所以下次当你再为自己或为孩子担忧未来时，请看看自己的内心：此时这只老虎有多大，然后你尝试在内心充满爱意地抚摸它，你会发现它很快会变成你怀里可爱的小猫了。

焦虑还是平和，从来都是当下你自己的选择而已。

6. 管教的策略和技巧

> 能够感觉到的现象可以比作波浪，是海洋深处我们一无所知的那些乱象在洋面上的表象。
>
> ——古斯塔夫·勒庞

在这一节，我会提供很多管教孩子的策略和技巧，让你在教育孩子的时候有方法可以用。让我们一起开始行动吧！

【鼓励的策略和技巧】

鼓励的目的是为了增强孩子的内心力量，而不是期待孩子符合我们自己的标准或要求。因此它在操作层面上会和表扬有很大不同。

鼓励和表扬首先在心态上有着非常大的区别，鼓励在心态上是趋于平等的，是和孩子相互尊重、相互帮助、共同合作、共同解决问题的伙伴关系。有了这种心态，我们和孩子说话的时候姿态会有很大不同，我们不会高高在上，更不会随意对他做出评价，这会大大增强孩子内心的力量，激发孩子解决问题的欲求。

鼓励主要针对孩子当下已经出现的有效行为，即便结果不理想，但这些有效行为是非常有价值的，如果放大就能促进结果的改变。

经常受到鼓励的孩子，内驱力将会越来越强。下面说一下鼓励的具体操作步骤。

第一步：不管结果如何，首先寻找孩子的有效行为。

有效行为常常表现在三方面：

一、孩子是否有正面动机；

二、孩子是否有好的行为；

三、孩子是否有好的思路和想法。

找到这些，我们就有了鼓励的内容和角度。目前普遍的教育方法是"问题思维"，在"问题思维"中，我们总会把注意力聚焦在不足、缺点和需要改善的地方。而积极心理学则强调"优势思维"，它强调我们更应该关注人的优势行为、更有价值的行为和更有效的行为。也就是如果想让花园里杂草变少，"问题思维"就会把力量都用在去除杂草上，而"优势思维"则会把力量用在种更多鲜花。如果鲜花已经长满花园，杂草自然无需去除也已经无处生长。

第二步：如实描述真实具体的信息。

这里的核心关键词是"如实"，这是比较难做到的。其实就是看到什么就说什么，不要妄加评判。比如看到孩子的书桌，如果妄加评判，我们可能会这么说：

"你的书桌怎么弄得这么乱？"

"乱"就是评判，因为每个人整齐和乱的标准都不同，这很容易引发对方反感。

而如实描述应怎样说呢？我们会说：

"我看到你的书桌上这几本书和那几本书没有归位。"

但这样的说法依然还在"问题思维"当中，我们看到的是孩子需要改善的不足和缺点。那么换成"优势思维"来对孩子进行鼓励会怎么说呢？

"我看到这些书都在位置上，它们已经全部被你归位了。"

注意：说到这里就足够了，有的家长喜欢画蛇添足，会继续说，"你把其他书也都这样放到位置上不好吗？"那就再一次陷入了要求和期待，前功尽弃了。

不要忘了鼓励就是为了增强孩子内心的力量，孩子感受到力量了，就足够了。在这种力量的促使下，你会发现他的好行为是自己要求自己逐渐增多的；而不是当下在家长的要求下做出的表面功夫。

所以问问自己，你想让孩子学会自己要求自己呢？还是你想要一个立竿见影的效果呢？如果你想要的是前者，那就把后面想说的话咽回去吧。

第三步：启发孩子确立自己的小目标，目标要具体而容易实现。

这里的核心关键词是"自己"和"小目标"。也就是我们需要启发的是孩子他自己的想法，是他给自己提出的小目标，而非我们大人的要求和期待。为了启发孩子，在语言中我们可以多使用"如何""怎么样""你认为""怎么看""还能如何""还有呢？"等句式，这些句子会大大促进孩子思考，即便当下没有答案，但是问题已经有了答案还会远吗？比如，我们为了鼓励孩子提升计算速度，我们可以这样询问孩子：

"如何做这十道计算题，速度能变得更快呢？"

"这十道计算题的速度达到多少秒你会满意呢？"

"怎么样做能让你对自己的计算速度更满意？"

"你想到了一个办法，还有什么办法能让你的速度更快呢？"

……

我们是和孩子一起探讨如何让他对自己更满意，而不是让他追求他人的满意，这一点非常重要。

再强调一次，鼓励是为了增强孩子的内心力量，而不是为了让他达到我们想要的标准；是为了让孩子发现更好的自己，而不是为了满足我们的期待；是为了让孩子依据自己的节奏而成长，而不是为了我们的期望而盲目拔高。只有这样才能真正帮助孩子健康成长。

【去除较劲状态的管教方法】

我们在管孩子的时候，常常遇到孩子和我们较劲。这种情况，大部分家长不明白孩子固执的真正原因。要知道每一个家庭都有权力范围。比如你和爱人之间，谁说了算，谁就更有权力。你和孩子之间，最后谁能引导事情发展，谁就更有权力。

每个人都对权力有欲望，都想拥有更多权力，孩子也不例外。我们还会发现对权力有的人是明着争的，有的人是暗着夺的。

如果孩子想要权力，却总是被父母要求这安排那，孩子就会对权力越来越渴望。但是如果孩子总和父母争夺权力，乃至于最后经常牵着父母的鼻子走，这样的父母也是无力的。

我们来看看在和父母抗衡的时候，孩子的真实心理状态。

通常孩子的内心想法是："我凭什么不可以？""你凭什么可以强迫我？"即使父母成功地压制了他们，这种胜利也是短暂的。天长日久，往往会赔上和谐的亲子关系。

那么父母的心理状态又是如何呢？从父母的感受来说，在和孩子的抗衡中，大部分父母是不自觉地想要制服孩子的，就是想让他听话，因为孩子不听话的时候，我们常常会感觉做父母的权威荡然无存。我们也会有这样的想法：作为一个孩子，你凭什么不听话？

那么怎么做，才能避免孩子较劲，并且能讲原则地发展孩子的独立性呢？

心理学当中有个概念叫"多元思维"，也就是说，同一件事情的解决方式可以是多种多样的。只要大人不卡在单一的思维状态中，允许这件事情有不同的解决方式，就很容易和孩子达成合作共赢。

第一步：确立自己解决问题的心态。

首先，我们要确定一个基本的心态：解决问题的心态。我们的目的是提高孩子解决问题的能力，而不是发泄我们的不满，发泄情绪是没有意义的；我们的目的是解决当下的问题，而不是固执己见。所以我们允许其他做法的出现，允许有不同的想法，只要能达到目的、符合原则，方式和途径都是可以变通的。

这个心态的建立其实特别难。很多家长对自己的想法放不下，偏要让孩子听自己的，因为从人性来讲，每个人多少都是有控制欲的。可是我们越想为孩子安排一切，孩子解决问题的能力就越差。

所以我们在这一步需要和孩子一起思考，找到你们最容易发生冲突或者最容易相互较劲的一件事来做练习。比如：写作业前，孩子经常闹别扭，非要先看一会儿电视再开始写作业。

对家长而言，我们担心孩子一开始看电视就没完没了；对孩子而言，他认为自己学习一天了，就想看一会儿电视，凭什么不行？

当你和孩子僵住的时候，应该听谁的？如果你们经常因为这一类事情引发矛盾，就可以把这件事当成一个练习的机会。

第二步：把所有想到的解决方法全部都写出来。

静下心来想一想，孩子表面上是想看电视，其实他是想休息一会儿。孩子如果能有节制地休息十五分钟、二十分钟，你允许吗？你可能会说："这个我当然允许了。"因为孩子适度休息并不过分。好，那我们进一步思考一下，休息的方式是不是就有很多种？

比如：可以看电视，也可以玩手机，还可以看漫画书，也可以玩一会儿玩具，还可以做一会儿锻炼；可以帮妈妈拣拣葱、剥剥蒜、做做饭，或者可以趁这个时间，帮爸爸妈妈一人冲一杯蜂蜜水；可以自己一个人坐着发一会儿呆，画一会儿画，听一会儿自己喜欢的歌曲，在房间里面唱一唱……

每一种方式都可以在家里完成，并且需要的时间可长可短。你们还能想到更多好玩的事情：十五分钟的时间，可以一起下一盘跳棋；还可以来一次枕头大战；或者一人说一个笑话，看看谁的笑话多，谁最能逗笑对方。

解决"休息"的问题，我们可以用各种方式，并不是只有"看电视"这一种。

第三步：用各种好玩的方式把这些做法展现出来，选择使用。

比如：把全部的休息方式都写成一张一张的小字条，把它们折起来放到盒子里，每天放学回来，孩子就抓个阄，抓到哪种就用哪种休息方式。这样，每天的休息方式都不一样，担心"孩子只会看电视"的问题就不存在了。

打开思维，把双方都能接受的解决问题的方式全部找出来，然后用这样或那样的方式展现出来，最后就不需要为听孩子的还是听大人的而纠结了。

因为答案是：听家庭规则的。

这样就避免了孩子来跟我们进行权力之争，我们都成为家庭当中守规矩的人就可以了。

【肉夹馍批评法】

孩子犯了错需要批评吗？当然需要！关键我们很多父母不会批评，前面我们已经讲了几种无效的批评方式，这里我们需要来学习一种有效的批评方法——"三明治批评法"，或者叫"肉夹馍批评法"。这种批评方法会更有效，让孩子更乐意接受。

"肉夹馍批评法"的公式是：

孩子的正面表现 + 孩子需要改善的具体行为 + 授权

第一步：准备肉饼，"肉饼"是什么？就是让他感受好的一些内容，比如孩子好的表现，或者孩子值得肯定的地方。

第二步：明确表达孩子具体需要改善的行为，不要波及孩子的人格。

第三步：授权，促进孩子改善。

举一个例子。

你和孩子约好了周末先写作业再去玩儿，结果他一直在磨蹭一点行动都没有。这时该怎么办？立刻给孩子使用"肉夹馍批评法"。

第一步：先真诚地说出孩子的一些好的行为。这位妈妈就说了："嗯，妈妈发现你今晚做了好几件事，看了电视看得非常开心，收拾了餐桌收拾得很干净，看了书看得很投入。"（肉饼准备好了，这一步是为了带给孩子好的感受。）

第二步：说出孩子具体需要改善的行为。妈妈接着看着孩子的眼睛很认真地说："目前，你自己计划的还有什么事没有做，能想得起来吗？"

于是妈妈批评了孩子的具体行为："我们计划今晚你作业写完，明天出去玩，但是已经快到睡觉时间了，你并没有行动，所以妈妈觉得你没有安排好最重要的一件事。"（这一步很重要，我们要平和、严肃、直接地指出孩子的问题，而不是烦躁、愤怒、东拉西扯地指责孩子。）

第三步：授权，给孩子一个选择的范围。

妈妈说："宝贝，你现在需要立刻做一个决定，是今晚还是明早我们出发之前改正这个错误。"（这一步，你一定要允许孩子自己做决定，即便他做的决定和你的期待不一样，也要允许。）

孩子如果选择今晚弥补过失，你可以询问他是否需要你的帮助。当然你的帮助指的是在他打瞌睡或者是烦躁时帮助他振奋，而不是帮助他学习。如果孩子选择明早进行弥补，你可以询问明早几点起床，如何做到按时起床，如果起不来是否能接受大家都出去玩，他留在家学习的后果。当你这样平和地教育孩子，孩子才能逐步成长为一个有主见有担当的人。

最后，我们再来总结一下：

"肉夹馍批评法"，先说出孩子好的一面，即值得赞赏的一面；再紧接着说出孩子需要改善的具体行为；最后授权，让孩子进行反思，重新选择，找到更好的做法。

第三章

给孩子实质的帮助
给孩子的人生赋能

当一个人的权威立场具有充分理由时,
孩子们应该要有礼听话;
但是当权威并不值得尊敬时,
反抗他们才叫作聪明的好孩子。

——菲利普·津巴多

在孩子的人生中，几乎每走一步都需要父母给出实质的帮助。为什么我要强调"实质"这两个字，是因为父母虽然都在为孩子竭尽所能地付出，可是真正以孩子需要的方式帮助孩子的家长并不多，真正看到问题的核心并且给到支持的并不多。在这一章我将分四个部分将孩子们最需要帮助的地方分别进行讲述，并给出解决的策略和方法，希望对家长们有所帮助。

第一节　孩子核心能力之专注力

1. 什么是专注力？专注力是选择的能力

> 如果我们能意识到武力永远无法赢得合作与爱，
> 这个世界就可以避免无数的紧张关系，
> 不用做那么多的无用功。
>
> ——阿德勒

常常有父母问我：孩子注意力不集中怎么办？

一位家长说：孩子在幼儿园经常因为不听话被老师批评。原因是孩子总是不停地下座位，稳定地坐到下课对孩子来说非常困难。在幼儿园的公开课上，家长也亲眼看到孩子的表现：躁动不安，不停地动动这，动动那，甚至还跑到她身边来。平时孩子在家玩玩具也发现他没长性，玩什么玩具都是几分钟热度。像这样的情况，该怎么办呢？

还有一位家长说她最烦的就是盯着孩子写作业，因为一开始做这件事，孩子就找各种借口，写作业总是不断地被迫中断：一会儿喝水，一会儿上厕所，一进厕所就二三十分钟都不出来。要么就是找书，要么就是找本子，总之就坐不下来。好不容易坐到书桌前要开始写了，孩子又开始抠抠这，抠抠那，嘴里咬笔帽，手上玩橡皮。或者是走神发呆不知道在想什么。每天写完作业都到十一二点，什么业余的活动都干不了，全家人都被孩子弄得筋疲力尽！

注意力不集中的确让父母头疼，老师也不喜欢孩子在课堂上的表现。我在给教师进行心理学培训的时候，老师反映最让他们头痛的就是注意力不集中的孩子，不但影响自己的学习状态，还干扰整个课堂，打扰其他孩子学习。

那么到底什么是注意力呢？注意力又叫专注力，它是一个人，甚至很多动物与生俱来的一种能力。从人的角度来说专注力是指人的心理活动或感官系统指向和集中于某种事物的能力。

这就好比小猫看到鱼或者小狗看到肉骨头，就会把自己所有的感官系统集中在这条鱼或者这个肉骨头上，心心念念都是如何将其吃到口中。再好比一个孩子看到新奇的玩具，就自然会被吸引，心心念念都是如何能够得到这个玩具。你可能会想，这样看起来似乎专注力不需要训练，孩子本来就有。这样想也对也不对。为何这么说呢？

因为专注力分为"无意专注"和"有意专注"，"无意专注"是指人或动物无需意志力的参与，在信息的吸引下集中感官系统的过程。其核心关键词是"信息的吸引"，所以在无意专注的状态下，人或者动物是被动的，就好像一道光闪过，我们自然会去看，一声巨响发生自然会引起我们关注，这时候是不需要意志力参与的。

但人和动物是有区别的，人还有另一种专注，叫"有意专注"。有意专注是人所特有的。有的事情也许我们并不是很感兴趣，我们也能选择集中专注力很好地把它完成。

有意专注就是人在自我意志力的参与下，根据当前需要完成的目标及任务，有目的性地集中自己感官系统的过程。

简而言之一句话：专注力就是选择的能力！

每个孩子选择的能力是不一样的。有的孩子选择的能力非常薄弱，因此他能集中注意力看电视看几个小时，但却无法看书看半个小时。有的孩子能集中注意力玩游戏玩半天，但却无法对自己的学习任务专注地做二十分钟。

这就好比射箭，有意专注如同那个瞄准的能力。你瞄得越准，就越容易射准。孩子做事的时候也是如此，他的心理活动对他要做的事瞄得越准，事情就越容易做得又好又快！可以说孩子离开了有意专注就什么事都干不了。就好像射箭离开了瞄准的过程就成了瞎射！

其实在孩子年幼的时候，如果我们的家庭环境到位，孩子的有意专注力是可以自然发展起来的，导致孩子有意专注力不足的重要原因有以下几个：

原因之一：年幼的时候，家长因不了解孩子的敏感期而不小心破坏了孩子发展有意专注的时机！

孩子在一岁多到四岁多有一个敏感期叫"探究细小事物的敏感期"。在这个敏感期孩子会对各种小东西感兴趣。比如小石头，小线头，小树枝，等等，孩子只要看到就会捡，还要带回家，一直拿在手上玩好久不断观察。在这个敏感期孩子还会对各种小洞洞特别感兴趣，抠洞洞的游戏能玩好久。

如果父母不了解孩子的敏感期，不知道这个敏感期是发展孩子专注力和求知欲的重要时机，就有可能受不了孩子的这种行为，父母也不会把这些行为和孩子的专注力联系到一起，就会忍不住阻止孩子。因为这些小东西在父母眼里常常和垃圾是没有区别的。阻止孩子就是干扰孩子发展自己的专注力了。这样类似的敏感期在孩子十二岁前一共有三十一个，其中二十七个都在六岁以内，而真正了解这些敏感期的父母又有几位呢？这些敏感期的学习并不复杂，但凡我们阅读过有关敏感期的书籍，但凡看过以下这张敏感期的表格（附在此章节的后面），我们就能大致了解，只需要在孩子成长时加以注意就可以了。

在敏感期当中，如果父母能够耐心地陪伴或者给孩子充分的时间，或者不打扰，孩子就有机会发展好有意专注。当孩子长大了，写作业和专注做事的时候，家长就会很轻松。

原因之二：父母不断"耐心教导"，破坏了孩子的专注力！

注意啊，这里的"耐心教导"是打引号的，也就是孩子在做事的过程中，父母不断地想教导孩子，从孩子的意愿来说他想自己完成，可是因为不熟练而显得笨手笨脚，此时如果父母因为耐心不够开始着急，想上手给孩子再教一遍，往往就会打断孩子的专注状态，因此孩子很可能会拒绝父母的"帮助"，坚持要自己做。父母假如还是固执地非要给孩子教，一来二去，最后的结局就是孩子和大人都非常不愉快！孩子也干脆不要再做了。

表面上看起来父母一直在操心孩子的一举一动，实质上是父母产生了强烈的控制欲，所以才非要这样指导那样指导。这样多此一举的指导其实是一种干扰，孩子自己专心做事的能力将会越来越弱！

针对这样的类似场景，很多时候孩子仅仅是"心手不一"，也就是孩子一方面心里已经明白应该怎么做了，但他的行动却因为不熟练而无法顺利进行，这种情况下他仅仅需要更多的练习而已！父母需要给孩子的就是等待和多提供练习机会！

原因之三：父母焦虑的情绪，是孩子专注力的杀手。

这一点在孩子上学之后尤为明显。孩子进入小学后，很多妈妈为了给孩子培养学习的好习惯，就每天写作业的时候坐在孩子身边。

晚上七点半，小明妈妈照例坐在书桌前准备陪孩子写作业。孩子写了几个字，妈妈就发现这字写得太乱了，大的大，小的小，妈妈说："你能不能好好写？你看你这写的是什么啊？擦了重写！"于是，在妈妈的监督下小明又重写一遍。可是没到一分钟，妈妈看到孩子写的拼音，又是一肚子气说："你怎么回事啊，你看看这个b，你怎么写成d了，你能不能认真一些啊？"孩子再一次重写。没写三十秒，妈妈一看孩子的作业，生气得直接把本子从孩子面前拿走说："你到底能不能一次写好？就这么几个字，来回就这么几个拼音，你总是出错，你要干什么啊？"孩子此时已经眼泪汪汪地满心委屈了。妈妈皱着眉头再一次问孩子："能不能好好写？"孩子可怜兮兮地说："能。"妈妈把本子还给孩子，让孩子继续写。整整一晚上的时间，就在妈妈这样的监督之下，几分钟一纠正，几分钟一提醒，几分钟一训斥，终于到晚上十点多结束战斗了。

这位妈妈表面上在帮孩子建立学习习惯，其实严重破坏了孩子的专注力。

为孩子担心，为孩子着急，内心无尽的焦虑感，最终却把孩子的专注力给扼杀了。让孩子越来越没办法专注地做事，尤其是没办法专注地学习！父母的焦虑感因此越来越强，这就形成了一个恶性循环！

所以我们作为父母首先要了解孩子注意力不集中的原因到底是什么，才有机会避免这样的误区！

除了在孩子的恰当年龄尊重孩子的敏感期之外，我在下面给大家几个有效改善孩子专注力的小建议。

第一个建议：给孩子自己独立做事的时间，即便孩子需要我们陪，也要做到静静地陪伴，而不是焦虑地盯着。不管孩子是玩是做家务还是写作业，我们都努力做到不盯孩子完成的结果。因为在孩子成长的过程中"做"本身比"做好"更重要！

第二个建议：给孩子一个独立的空间，孩子自己的房间就可以。不需要天天像监工一样检查孩子房间是否整齐，让孩子有自己的地盘自己说了算的感觉。这个小小的举动会让孩子找到安心的感觉，做事就更容易专注！

第三个建议：在孩子准备开始做某件事的时候，环境要单一。比如写作业，除了自己写字的书本和笔，其他都不必放在书桌上，甚至文具盒都可以收起来，不必放在眼前。东西少，孩子的注意力更容易集中。

这三个小方法合在一起就是：平和耐心，独立空间，环境简单。

下面是蒙台梭利提出的三十一个敏感期：

1. 光感的敏感期：0—3月
特点：刚出生的宝宝对光感非常敏感。
建议：可以给宝宝多看黑白图。

2. 味觉发育的敏感期：4—7月
特点：宝宝自己的口腔可以感觉到甜、咸、酸等味觉。

建议：给孩子多品尝各种果汁等。

3. 口腔的敏感期：4—12月

特点：这时宝宝喜欢吃手，他在用口进行尝试、感觉。

建议：经常清洁孩子手部，允许孩子专心吃手，不要刻意把手从他嘴里拿开。

4. 手臂发育的敏感期：6—12月

特点：这个时候孩子喜欢扔东西。

建议：给孩子一个安全的区域，给孩子多种材质，让他专心扔个够。

5. 大肌肉发育的敏感期：1—2岁，小肌肉：1.5—3岁

特点：喜欢扶、站，努力行走。

建议：在保证安全的前提下，给孩子创建运动环境，让孩子专注地好好运动。

6. 对细微事物感兴趣的敏感期：1.5—4岁

特点：孩子对各种小东西，比如石头、树叶等很感兴趣。

建议：不打扰，让孩子好好观察。

7. 语言敏感期：1.5—2.5岁

特点：孩子对语言和发音非常敏感。

建议：多和孩子交流说话，父母多互动和倾听。

8. 自我意识敏感期：1.5—3岁

特点：区分我的和你的、我和你的界限，孩子喜欢说不。

建议：适当允许，保护孩子的自我意识。

9. 社会规范敏感期：2.5—4 岁

特点：喜欢结交朋友，喜欢参与群体活动。

建议：多给孩子提供社交条件，让孩子和朋友专注地玩耍。

10. 空间敏感期：3—4 岁

特点：喜欢垒高高、三维、钻箱子等。

建议：可以多提供类似的玩具，让孩子专注地操作。

11. 色彩敏感期：3—4 岁

特点：孩子对颜色很敏感。

建议：给孩子提供多彩的颜料，多让孩子专注地绘画。

12. 逻辑思维敏感期：3—4 岁

特点：特别爱提问，不断追问"为什么"。

建议：耐心回答，同时启发孩子和父母共同找寻答案。

13. 剪、贴、涂等动手敏感期：3—4 岁

特点：开始真正有意识地使用工具，爱做手工。

建议：给孩子提供所需的材料，并尽量不要打扰专心工作的孩子。

14. 藏、占有敏感期：3—4 岁

特点：开始强烈地感觉占有、支配自己所属物的快乐。

建议：给孩子提供一个独立的空间，尊重孩子的空间。

15. 执拗的敏感期：3—4 岁

特点：事事得依他的想法和意图去办，否则情绪就会产生剧烈变化。

建议：以理解、变通以及游戏性的心态和孩子一起专注地寻找解决问题的途径，避免较劲。

16. 追求完美的敏感期：3.5—4.5 岁

特点：对人、事都要求完美！

建议：依然是尊重、理解孩子，不指责孩子。

17. 诅咒的敏感期：3—5 岁

特点：喜欢暴力言辞。因为孩子发现语言是有力量的，成人反应越强烈，孩子就越喜欢说。

建议：忽略，淡化，不注意。

18. 打听出生敏感期：4—5 岁

特点：喜欢询问"我从哪里来？"

建议：和孩子看书，专注地追寻答案。

19. 人际关系敏感期：4.5—6 岁

特点：开始有固定的朋友。

建议：专注于给孩子多教一些人际交往方法。

20. 婚姻敏感期：4—5 岁

特点：喜欢玩谈恋爱结婚的游戏。

建议：无论孩子想结多少次婚，喜欢多少朋友，家长不要妄加评论，轻松视之。

21. 审美敏感期：5—7 岁

特点：对自己的衣着和服饰产生兴趣，想学妈妈化妆。

建议：给孩子肯定，教孩子审美的一些标准，给孩子一些材料让孩子
　　　 专注于设计。

22. 身份确认敏感期：4—5 岁

特点：喜欢玩各种身份的过家家游戏。

建议：专注地陪孩子玩角色扮演游戏！

23. 性别敏感期：4—5 岁

特点：喜欢观察男孩和女孩的区别。

建议：给孩子提供《我的身体》等科普读物，和孩子共同阅读。

24. 数学概念敏感期：4.5—7 岁

特点：对数名、数量、数字产生浓厚的兴趣。

建议：给孩子提供一些可操作的学具，让孩子专注地操作。

25. 认字敏感期：5—7 岁

特点：对文字非常感兴趣。

建议：在孩子专注于询问文字怎么读时，大人全力配合。

26. 绘画和音乐敏感期：4—7 岁

特点：对绘画和音乐非常敏感。

建议：给孩子提供一个高品质的环境。

27. 延续婚姻敏感期：5—6 岁

特点：是前一个婚姻敏感期的延续，孩子选择伙伴的倾向更明显。

建议：给孩子讲述一些正确的婚姻观，比如相亲相爱相互欣赏的人才
　　　 可以结婚。

28. 社会性兴趣发展敏感期：6—7 岁

特点：孩子对权利、规则非常敏感，形成合作意识。

建议：多让孩子组织家庭活动，增强孩子的责任心。

29. 数学逻辑敏感期：6—7 岁

特点：对数的序列、概念以及概念间的关系产生兴趣。

建议：通过学具让孩子学习和练习加减乘除法，而不是简单地记忆。

30. 动植物、科学实验、收集敏感期：6—7 岁

特点：孩子对自然和科学产生了强烈的探索兴趣。

建议：给孩子创造更多的机会观察大自然，不打扰孩子的观察。

31. 文化敏感期：6—9 岁

特点：孩子对文化学习产生了浓厚的兴趣。

建议：家长可提供书籍等条件，保护孩子的求知欲。

当我们遵循孩子的成长规律，保护好孩子的成长节奏，很多事情是自然而然就会发生的，孩子应该具备的能力是自然而然随着年龄的增长就会获得的，尤其是专注力。

2. 专注力提升的三个误区

> 当我们对自己缺乏信心时,当形势变得不很明朗时,当不确定占了上风时,我们最有可能以别人的行为作为自己行动的参照。
>
> ——罗伯特·B.西奥迪尼

一位家长在群里生气地说:老师又找我告状了!

想要改变这样的现状,必须要先看清孩子的核心问题是什么。于是,我让家长和老师详细地交流一下孩子在上课时的表现。让家长询问清楚老师说的"想干啥干啥"意味着什么,是孩子不停地左顾右盼?还是孩子小动作多?还是总和周围同学说话?还是上课不听讲?不写课堂作业?发呆走神?

而这一系列让人头疼的行为都是孩子专注力不足的表现。这种情况,有的家长认为自己没把孩子管好,有的家长认为孩子不尊重老师,还有家长认为孩子主观上不爱学习(厌学)。其实,这些很可能都是对孩子的误会!

当家长对孩子有这些误会的时候,会怎样教育孩子呢?

曾经有一位家长说,自己的孩子上课不听讲,写作业不认真,他认为孩子学习态度有问题,所以反复给孩子讲道理,不管用!然后开始打骂,希望孩子长记性,不管用!然后给孩子以奖励,希望能刺激孩子,不管用!各种招数都用遍,孩子还是老样子,实在没有办法了,他就觉得孩子是故意在跟他作对!

其实不是孩子不争气,而是家长把力气用错了地方。

如果一个孩子他的臂力只能拿起三公斤重的东西,你一定要让他拿起二十公斤重的东西,他能不能做到?

做不到!

你打他,你骂他,你奖励他,你给他讲几大车的道理,他都不可能做到!为什么?因为这些做法和"提升他的臂力"没有半毛钱关系。只有训练孩子的臂力,才对孩子有用!孩子专注力不足的时候也是如此。

关于孩子专注力家长都有哪些误区?

误区1:认为孩子不专心是因为意志力差。

其实,这是一个天大的误会!我们每个人的内在神经系统有一套自控机制,如果把人体比作一辆车,这个自控机制就好比刹车。当一辆车的刹车性能良好,孩子就能很好地自控。外在表现就是坐得住、稳得下来,心能够静下来。当孩子的注意力不集中,就好像一辆车的刹车系统性能不好,甚至失灵了。这时,司机的意志力再强,想要让车停下来,都是一件很难办到的事!除非把这辆车的刹车系统升级或者修好,才能真正解决问题。

因此,孩子不专心,不是孩子故意的,骂他打他没有用,我们需要用注意力训练的方法来增强孩子的内在自控机制。这才是核心关键。

误区2:认为孩子不专心是因为孩子不爱学习。

真相是:孩子不是因为不爱学习而不专心,而是因为孩子的专注力不足,大人的错误做法,导致了孩子对学习的厌恶。

比如,孩子在写作业的时候,我们在旁边反反复复地唠叨、提醒,甚至大吼大叫,咬牙切齿,又拍桌子,又撕作业。

再比如,孩子在学校里听课不认真,老师罚站,罚抄作业、写检查、请家长。这样的状态能让孩子爱上学习?

当他的专注力不足的时候,上面的这些做法只会严重干扰孩子的注意力,让他更加难以专心。

误区 3：认为孩子不专心是年龄小贪玩不懂事，长大就好了。

有位家长就说："我家孩子专注力根本没问题！他看电视的时候就特别专心啊，恨不得钻进电视去，学习的时候三心二意，这完全是没有学习责任心嘛。"其实阅读了前一个章节，我们已经知道孩子看电视更多使用的是"无意专注"，而且从心理学的角度来说，一个孩子看电视玩电脑时间再久，也不能说明孩子的专注力水平高。甚至看电视看得越久的孩子专注力越差！

因为这完全是两种接受信息的方式。

看电视：信息是被动输入，孩子不需要刻意地看，电视画面就会不停地变化，给孩子传达信息。

看书：信息是主动输入，孩子一定要自主地一个字一个字地阅读，才能理解文字表达的意思。

当孩子习惯了电视这种被动输入的形式，就觉得学习、看书很辛苦，所以越爱看电视，看电视越久，孩子专注力越差！

怎么改善孩子的专注力呢？在改善之前，我们先来测一测孩子的专注力水平。

3. 孩子专注力测评的四项指标

> 刀鞘保护刀的锋利,
> 它自己则满足于它的迟钝。
>
> ——泰戈尔

专注力测评一共有四个指标,现在来一一对照,看看你的孩子在哪一部分是有所欠缺的,才能更有针对性地调整。

第一个指标是专注力的集中性。

集中性差的孩子,他的心是散乱的,任何风吹草动都能让他分心。写作业的时候你会发现孩子总是控制不住自己东张西望。虽然视力非常好,但是抄题抄字经常看错写错;考试时经常把原本会做的题都做错。这就是孩子专注力非常差的表现。

下面我们就一起来检测自己的孩子。我给大家一张图,你让孩子把目光锁定在这张图中间的四个小黑点上,一点也不要动,看三十秒钟到一分钟,然后立刻让孩子看白墙或者白纸,然后你要问出一个标准的问题:"你看到了什么?"

如果孩子回答他能够清晰地看到一个人像,不管他认识不认识这个形象是谁,都说明他的集中性是可以的。如果孩子很仔细地看过之后,在白墙和白纸上什么也看不见,或者觉得图形很模糊,孩子表达不清楚到底看到了什么,这就说明孩子的注意力集中性是不够的。好,我们开始吧。

专注力的第二项指标是持久性。

很多家长说孩子刚开始做事还是很认真的,但是三分钟热度,做任何事坚持不了几分钟就没有耐心了,总是虎头蛇尾,而且特别容易分心,稍微有一点风吹草动都能让他分心,这就是孩子的持久性不够的表现。

持久性和孩子的年龄息息相关,它会随着孩子的年龄逐渐增长。现在你回想一下,孩子除了玩电脑、玩手机以及看电视的情况以外,他写作业、阅读,或者完成一件你布置的任务时,假如没有人督促和监管,也没有人提醒的话,孩子全身心地投入和专注能持续多少分钟?

如果你一时得不出具体的数字,可以用心观察一下孩子,然后把这个时间记录下来。注意,是孩子持续、不中断的做事时间。比如孩子开始写字,中间他开始找铅笔或者是翻书,这就算是中断了。

不同年龄对应的专注时长如下:

2 岁以下以无意专注为主;

2—3 岁的孩子,专注力时间为 3—5 分钟;

3—4 岁的孩子,专注力时间为 10—15 分钟;

4—5 岁的孩子,专注力时间为 15—20 分钟;

5—6 岁的孩子,专注力时间为 20—25 分钟;

6—7 岁的孩子,专注力时间为 25 分钟;

7 岁以上乃至成人,专注力时间为 25—30 分钟;

经过训练的孩子能达到一小时以上的持久专注。

第三个指标是专注力的转移性和稳定性。

什么是转移性？就是一个人把专注力从 A 目标转移向 B 目标的能力。当一个孩子转移性良好，孩子就能把专注力在各个目标和任务之间流畅地切换。比如说孩子现在正在玩，他玩得很专心，当大人叫他来写作业，他坐在书桌前，就立刻能把心收回来，全身心地转移到学习任务上开始专心写作业，这就是转移性很好。但是有的孩子却无法做到这样，往往是一玩起来就很兴奋，乃至于做下一件事时也安静不下来。作业任务已经开始很久了，他还停留在刚刚玩的游戏中不断回味。或者孩子第一个任务是写作文，作文完成后需要完成第二个任务做计算了，孩子注意力却调整不过来，反复地出现神情恍惚的模样，甚至需要中途休息才能重新开始新任务，这就是孩子的转移性不够。当孩子转移性不够，在学习中就要不停地调整状态，需要不停地进行缓冲，每个学习任务之间都无法连贯进行，这会浪费大量时间。转移性的好坏是靠家长观察来确定的，所以你可以回忆一下孩子的日常表现，他的转移性表现如何呢？

第四个指标是专注力的广度。

专注力广度也叫专注范围，指在同一时间内能清楚地把握对象的数量。举例来说，我们在阅读文章的时候，专注力广度比较好的人，他一眼看到的是一行字，他接受信息范围大，因此注意到的信息就多，所以学习的速度就快。而专注力广度不好的人，因为他看到的信息范围小，因此注意到的信息就少，所以学习的速度就慢。有的孩子甚至只能一两个字一两个字地进行阅读，听话也是只能听到局部，经常听不全。这都是专注力广度不够的表现。

当孩子专注力广度不够的时候，阅读速度就会很慢，听课质量也很差，他还会经常找不到东西，你看到东西就在他眼前摆着，但他就说找不到。这不是粗心，而是专注力广度不够。如果孩子专注力广度不够不但作业出错率高，而且做题速度也会很慢。而专注力广度好的孩子读书非常有效率，找东西也找得特别快，看信息非常准确，通常别人无法注意到的一些信息，孩子也能注意到，在学习当中尤其是这样。

　　了解了训练专注力的最基本的四个核心指标，我们可以总结一下孩子目前的状态，如果他在某方面需要提高，你就能抓住重点了。在以下的章节中，我会逐一给出解决的方法。

4. 孩子的学习类型和通路

> 弦上偶尔悬着一朵时光玫瑰，正在熄灭。
> 一朵，永远的一朵……
> 那会是什么呢？
> 妈妈：成长还是创伤？
>
> ——保罗·策兰

很多家长不了解，其实每个孩子接收信息的通路是不一样的。而这其中有一部分孩子容易被老师或者家长误解，以为孩子的专注力水平非常差！

我曾经在咨询中遇到一个孩子，孩子的班主任说，孩子经常上课眼睛看向别处，就好像根本没有在听课。但是你要点名把他叫起来提问，孩子却能很流畅地回答老师的问题。据妈妈回忆孩子从幼儿园开始就是这样的表现，到目前为止孩子学习成绩很好，所以老师得出一个结论：孩子很聪明，但是注意力不集中，学习兴趣不高，聪明劲儿没放在正点儿上。

这个孩子其实就是一个天生擅长用"听"的方式来学习的孩子，因为大人不了解他，才会出现这样的误会。

还有一个孩子，他上小学一年级。孩子手很巧，很喜欢捏泥塑、画画，这些事情做得都非常出色，而且在做这些事的过程中孩子也很专心。但是一到学习时孩子的表现就不尽如人意，上课老师讲课，他经常反应很慢。老师提问，孩子也总回答不出来。上课眼睛都不看老师，犹如在做白日梦，不知道他的小脑瓜里每天都在想些什么。家长和老师都感觉这个孩子就是一个十足的笨小孩，学什么都费劲。

其实这也是对孩子的误解，这个孩子是一个非常善于用操作的方式来学习的孩子，因为家长和老师都不了解他，才会出现这样的误会。

作为家长，我们一定要明白，孩子和孩子是有个体差异的，每个健康的孩子都是天生优秀的学习者，他们都有自己擅长的学习方式！而这个学习方式就是孩子取得好成绩的"敲门砖"！

当父母不了解孩子的时候，我们可能会一直用孩子不擅长的学习方式跟孩子教学和互动，造成孩子学习吃力的表象，和孩子的矛盾也因此变得非常多！

孩子的学习方式，具体分为三种：视觉型，听觉型，感觉型。当一个孩子使用他自己适合的学习通道学习时，你会发现他学得特别快、特别轻松，学习效果也非常好。下面我们就一一分辨你家孩子属于哪种学习者。

1. 视觉型的孩子

视觉型的孩子最擅长用"看"的方式来学习，所以老师在上课的时候，当视觉、听觉、触觉各种类型的信息全部涌来时，他首先会注意到视觉的信息。因此这类孩子学习时的表现是：

- 眼睛总会看着黑板，看着老师的表情或老师使用的教具等；
- 老师说什么不重要，他会重点看老师在黑板上写了些什么；
- 他喜欢在自己的书上或笔记本上写写画画，习惯用各种符号做很多标记；
- 背书的时候，会一直盯着书看，更喜欢默读；
- 做题的时候，喜欢笔算或心算；
- 认为把知识点用各种记号笔标记出来，更容易记忆或背诵。

这一类孩子在应试教育的环境中如鱼得水，为什么？因为应试教育大量的信息都是听和看，上课的时候他就会很认真地看着老师，看老师写在黑板上的字。他们还很喜欢看书，尤其是有图画或者有色彩的书。这样的孩子很容易讨老师喜欢，被老师评价为学习态度良好。

2. 听觉型的孩子

听觉型的孩子，非常擅长利用声音来学习。这类孩子从小对声音很敏感。他们学习一首歌很容易，通常听一两遍就会唱了，背诵诗歌很容易，听一两遍就记住了。或者他跟爸爸妈妈去旅游，很容易就学会当地的一些方言。

生活中，你经常以为听觉型的孩子没注意听，其实该听不该听的他都记住了。如果背单词，你念给他听，他背得很快，但是你让他看着书自己背就背得特别慢，或者注意力不集中。这一类孩子听觉是他们的优势能力，他们在学习当中最常见的表现是：

- 上课时眼睛经常不看黑板，而是侧耳倾听；
- 书本上基本没有什么笔记，因为很少盯着书看；
- 背诵课文喜欢看一眼，然后大声朗读，反复重复；
- 喜欢说话，而且描述的内容很详细，很喜欢描述细节；
- 喜欢听歌，有时候会边听音乐边做作业。

3. 感觉型的孩子

还有一类孩子是感觉型，他们擅长使用触觉来学习。这一类孩子其实比较少，他们的学习特点是：让他们能够触摸到，感觉到，能够通过操作来学习，他们就会学得很快；但如果一直让他们单纯地听或者单纯地看，他们学得就非常慢。他们常见的表现是：

- 平时话少，不是很喜欢交流和沟通；
- 当问他"怎么样"时，孩子常常会回答"我感觉……"；
- 上课时经常好像在思考；

- 如果老师和他握手或者拥抱，或者老师对他微笑，孩子就会因为感觉好而喜欢老师甚至喜欢这门课；
- 喜欢拆卸各种玩具，喜欢动手操作；
- 不喜欢聊近况，喜欢说过去的事；
- 聊天说话，孩子会表现得反应慢一些。

当你用孩子擅长的学习方式和孩子互动，更易提高孩子的学习能力，孩子其他的学习通路也越来越容易平衡发展。

比如，一个听觉型的孩子，如果你让他通过听的方式学到了很多知识，他也会同时带动视觉和感觉两种学习通路同步提高。一个触觉型的孩子，如果在年幼的时候，父母经常让孩子动手操作，讲题甚至识字，都是用操作和感受的方式，只要孩子的学习上路了，他的听觉和视觉的表现也都会越来越好！

不得不说，在一些教育资源更丰富的国家因为班额比较小，教师的人员配备足，通常能给孩子提供大量的体验活动，这样感觉型的孩子也能有很多操作和体验的机会。但是咱们国家因为人口众多，教育资源有限，因此孩子们体验的机会比较少。所以如果你家孩子是一个感觉型的孩子，就更需要家长的耐心和支持，给孩子创造更多体验的机会，同时帮助孩子提升听觉和视觉的学习通路。

听觉型、视觉型、感觉型我们也可以把它理解为听觉专注力、视觉专注力和感觉专注力。不同的人，依赖不同的感官来了解这个世界，并没有好坏之分。我们做父母的最大的使命是了解自己的孩子，给他最适合的教育。

小学前三年，尤其一年级是对父母的极大考验。在这一时期，我们应帮助孩子学习进入正轨，让孩子们的听觉专注力、视觉专注力、感觉专注力充分平衡发展，这样孩子的人生才会有一个良好的起步。

如果上述内容还不能帮您分辨自己的孩子属于哪一种类别，我们可以再让孩子做一个小测试。

以下每个问题中请你选择你认为最符合实际情况的答案，看看最后哪个字母的个数最多。

1. 如果外出度假，宾馆只剩下三个房间，你会选择：
   A 面向大海，但噪音大的
   B 能听到海浪声，但看不到大海的
   C 房间舒服但噪音不大，看不到大海的

2. 出去玩，路不通了，你会：
   A 不纠结了，自己看看有没有其他的路
   B 和大家一起商量对策
   C 思考一下在原地能够怎么玩

3. 外出游玩，如果只能选一项，你希望在车内：
   A 坐在窗边看风景
   B 在车内听音乐
   C 坐在最舒服的一个座椅上

4. 向别人描述刚刚看完的动画片或电影时，你会：
   A 描述当中很多画面
   B 描述当中很多情节和模拟的声音
   C 描述自己的感觉

5. 今天放假，如果只能选一件事，你会选：
   A 看漫画书
   B 听故事
   C 做手工

6. 闭起眼睛，请你回想一下，你最喜欢的一件事、一个东西，或一首歌，你想起了什么：

   A 一个东西

   B 一首歌

   C 一件事

7. 在下面的活动中，你花时间最多的是：

   A 天马行空地胡思乱想

   B 在脑海中回想和听歌

   C 回想一些事情带给自己的感觉

8. 当爸爸妈妈劝说你去参加一个活动时：

   A 他们让我看看有多好玩我有可能去

   B 他们对我说一说有多好玩我有可能去

   C 我相信自己的感觉，我要自己做判断

9. 你通常说话和思考速度：

   A 说话的速度比脑子更快，所以有时候会说错话

   B 我会注意我说话的内容，所以两个速度差不多

   C 我说话比较慢，可能已经想很多了，但只说了一点

10. 通常你的呼吸来自：

    A 胸腔上部

    B 胸腔下部

    C 腹部

11. 在一个陌生的城市如果你找不到路时：
    A 我看地图
    B 我问路
    C 我相信感觉

12. 如果父母给你买衣服，对你来说最重要的是：
    A 我会选一件我看着很漂亮的衣服
    B 我会选一件大家都说漂亮的衣服
    C 我会选一件我穿着很舒服的衣服

13. 选择餐厅时，你主要考虑：
    A 这家餐厅看上去很不错
    B 这家餐厅有好听的音乐
    C 这家餐厅让我感觉很舒服

14. 我做决定的速度：
    A 大部分都很快，有时候欠考虑
    B 大部分都会想一想，但不优柔寡断
    C 会思前想后，做决定比较慢

计分：

你的孩子的感知类型是_____。
    A 偏重于视觉   B 偏重于听觉   C 偏重于感觉

A、B、C 三个答案哪个数量最多，孩子就倾向于是哪一种感知类型。

5. 造成孩子专注力不足的原因是什么？

> 大脑是人类记忆、情感与思维的中心，由两个半球组成，表面覆盖着 2.5—3 毫米厚的大脑皮层。如果没有这个大脑皮层，我们只能处于一种植物状态。
>
> ——菲利普·津巴多

原因一：孩子的统感失调导致触觉系统防御过当或不足。

在谈到孩子注意力的问题时，我们不得不提到一种情况，就是因孩子的感觉统合能力失调而引起的触觉防御不足或者是过当的状态。因为这两种状态对孩子专注力水平的影响是非常大的。

我们接收外在信息最多的渠道有三个：听觉，视觉，触觉。触觉系统是最基本、影响力最大的系统。它是提供有关周围环境讯息最主要的来源，可以让孩子避开危险，探索世界；同时，它对孩子心理安全的发展也是非常重要的。孩子经由触觉，在早期可以和妈妈建立亲密的关系，长大后有助于发展良好的人际关系。在手部动作方面，触觉和辨觉区的建立，可以促进孩子对物体形状、大小、重量的认识，是认知发展、精细动作发展的重要基础。

触觉由我们的皮下神经接收外在各种各样的信息，然后再传递到我们的大脑进行处理，整个过程就叫作触觉的防御功能。但是，有的孩子对外在信息非常敏感，周围任何的信息变化，都会引起他的注意力转移，比如一点点声响，一点点晃动，他都会立刻关注，因此会造成孩子的分神。我们把这类孩子称为触觉防御过当的孩子。

还有另外一类孩子是触觉防御不足,家长会发现这一类孩子反应比较迟钝,而且经常发呆。在日常生活中大人叫他他总是听不见,需要比较强烈的刺激才能让孩子有反应。比如更大声地呼唤他,或者走到孩子身边拽一下、拍一下他,这些比较明显的刺激才能让孩子回过神来。

触觉防御过当和触觉防御不足都会影响孩子的专注力,只是表现有所不同。

原因二:家庭环境造成孩子专注力不足。

一个孩子自出生以来生活的环境给孩子带来的影响很大,而无论家庭环境如何,孩子只能被动接受!一个过于嘈杂或者是过于冷漠的家庭,都容易让孩子专注力不足。

有一个孩子,他出生在一个大家庭里,妈妈和奶奶关系紧张,妈妈和爸爸关系对立,所以家里常常是硝烟弥漫。大人之间经常因为鸡毛蒜皮的小事大呼小叫,相互之间不尊重对方,孩子的专注力在这样的环境下如何发展?

因此孩子自小就专注力涣散,做事浮躁不安,而且从孩子出生,家庭的矛盾焦点就几乎全部转移到了孩子的教育问题上。这让原本就糟糕的家庭关系变得进一步激化,而家庭纷争不断也更进一步阻碍了孩子的正常发展。

还有一种情况,是家庭给予孩子太多关注,大人因为过于在意孩子而不停地干扰孩子的方方面面。例如:孩子在专心地做某事,大人却忽然打断安排他做另一件事,孩子刚想去那边,大人却一定要他来这边。这样的不断干涉,导致孩子无法获得安静的独处时间。过于频繁打扰,孩子专注力很难有好的发展。

还有我们之前提到的有的家庭长期播放电视,这也是导致孩子专注力弱的一个重要原因。有一位妈妈全职在家,她习惯把家里的电视当成背景音乐一样一直开着。从不关闭的电视让孩子无事可做就一直看电视,此类情况也会导致孩子的专注力变差。所以,我们一定要注意:

三岁前观看电子屏幕时间越少越好,因为此时孩子需要的是和人互动,电子屏幕不但伤孩子的专注力更伤孩子的视力。三岁到六岁，孩子看电子屏幕时间每天十五分钟到三十分钟比较适宜。孩子十二岁之前，看电子屏幕时间每天三十分钟到六十分钟为宜。超过这些数值太多对孩子的视力包括大脑神经发育都影响很大。

原因三：信息刺激不足或刺激过度。

孩子各种能力的发展，都需要练习才能获得，你只有给孩子动手的机会、锻炼的机会，孩子的这些能力才能真正提高。

比如，一个一岁半的孩子，他想要喝一口水，需要肌肉带动他的胳膊，并且用平衡觉、运动觉、本体觉去控制他的身体，他需要自己的视觉和肢体协调运动，这口水才能顺利地喝到嘴里。多次练习他才能越来越熟练并且专注地做好这样一件小事。

但是如果我们家长感觉，孩子喝一口水洒得到处都是，自己还得收拾，如此麻烦，还不如给他亲自喂更省事。后果就是：我们每一次给孩子喂水都在剥夺孩子感觉统合能力的提升机会。如果这些信息刺激少且不足，孩子的大脑神经系统就没有机会去很好地发育，孩子也没有办法发展出很好的专注力。

当然信息刺激不仅仅指孩子失去操作的机会，它还包括视觉、听觉、味觉、嗅觉、触觉等感官系统的信息刺激。只有良性的、丰富的信息刺激才能让孩子的智力很好地发育。

我们也要避免信息刺激过当。信息刺激过当是指孩子生活的环境过度嘈杂，家庭环境物品过多、过于凌乱，这些不断出现的声音和随处摆放的毫无规律的物品，不断吸引和搅扰孩子，让他无法专注于一个目标，因此孩子总是心神不宁。

原因四：孩子做事的意愿。

孩子做事的意愿也是影响孩子专注力水平的一大因素。比如，当孩子有意愿、有兴趣要画完一幅画，他就很容易把专注力放在绘画这件事情上。再比如，孩子很想写好作业时，他就能很轻松地把专注力放在写作业这件事情上。其他事情也是如此。

但是我们会看到有一些孩子做事的意愿特别弱，干任何事都很难提起精神来（除了看电子产品或玩电子游戏），这种情况往往是因为家庭中大人和孩子有趣的互动太少，家庭氛围过于无聊，亲子关系不够亲密，导致孩子求知欲低下，对新鲜事物疏于尝试，甚至完全不感兴趣。

孩子对世界原本是充满好奇心的，当一个孩子对这个世界不再好奇，我们就需要好好审视一下家庭环境，是不是过于死气沉沉？是不是过于无趣？没有幽默感的父母，无聊的每一天，让孩子如何成长成有活力的人？孩子连做事的意愿都没有，他怎么可能有良好的专注力。

原因五：睡眠不足引起孩子专注力不足。

最后一个影响孩子专注力的因素，就是睡眠时间的问题。我们现在的孩子普遍睡眠不足。就在今年，教育部要求重视孩子的睡眠问题，建议幼儿园孩子睡眠不少于每天十小时，小学生睡眠时间不少于每天九小时，中学生睡眠时间每天不少于八小时。很多小学生都是达不到的，孩子睡不足就精力不足，精力不足专注力如何好呢？

为什么把十八岁以后叫作成年，十八岁之前叫未成年？因为在十八岁前一个孩子个头再高，他也还是一个没有完成发育的孩子，此时他需要充足的睡眠、科学的饮食以及让他安心长大的生活环境。所以，要抓住孩子身心健康的重点，最起码在小学期间保证孩子的充足睡眠。

有一位家长，她的孩子三年级，每天上课老师都发现孩子打瞌睡，或者是一直走神。家长向我咨询说："我家孩子怎么这么不爱学习？"我进一步询问家长孩子每天睡几个小时，她说孩子每天回到家就是写作业，因为孩子字写得不好，她觉得应该从小严格要求，所以孩子写作业过程中她就不断地纠正孩子。作业写完往往已到深夜十一点多，孩子每天最多能睡七八个小时。但是家长觉得作为一个小学生，睡七八个小时足够了。

一个小学生，他三年级最起码要睡到九个小时以上，达不到这个标准，白天他能不打瞌睡吗？加之很多孩子运动量也非常少，这让孩子的精力更加不足。经历一天的学习，放学后孩子已经疲惫不堪了，假如大人还嫌孩子写字达不到自己的标准，如此辅导作业，持续下去只会导致孩子厌学。

6. 孩子粗心大意怎么改变？

> 棒槌改蜡烛——粗心。
>
> ——歇后语

有很多家长都发现，孩子们在写作业时特别容易把字写反。比如，把"13"写成"31"，写字母"b"，却写成了字母"d"，再或者"p""q"不分，等等。像这样的情况，家长的结论都是——孩子太粗心。

如果你也这样认为，那可就大大冤枉了孩子。其实这是孩子的视觉专注力集中性不足的表现。

当孩子集中性不足时，我们训孩子，甚至打孩子，给他讲无数的道理是没有任何意义的，唯一的正途是：用心提升孩子的视觉专注力。

这一节我们就一起来学习纠正孩子专注力集中性的实操方法。在练习之前我们想一下，你如果去健身，有没有可能今天练一练，明天肌肉就变结实？答案是否定的。想要让肌肉变得紧实起来，我们一定要在正确的练习方法之下，通过多次锻炼和重复，才能最终实现。我们帮助孩子提高专注力也是一样的。首先要找到正确方法，然后给孩子一个训练的周期，并且允许孩子有退步，因为没有一个人能做到只进不退。

【盯点训练法】

盯点法是提升孩子注意力集中性的一个实用方法。它很简单，用时也很少，每次训练只需要 1—3 分钟。但是需要我们坚持去做，这一点非常关键。

操作方法如下：

第一步：找一张A4纸，在A4纸的中间，画一个直径为1cm的圆点，然后将这个圆点涂成黑色，如下图：

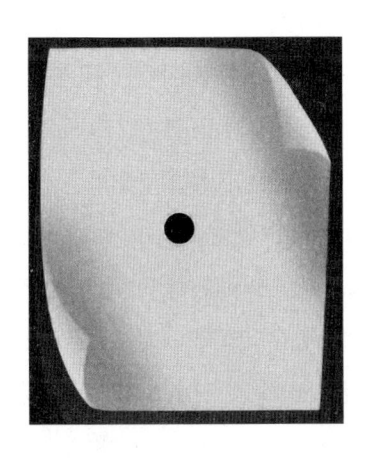

第二步：让孩子站在距离这张白纸30—40cm处，然后聚精会神地看着这个圆点不要动，注意在整个盯的过程中，视线不能左右飘忽去瞟别的地方，盯住圆点60秒。这是训练孩子视觉注意力的集中性和稳定性。

第三步：时间到了以后让孩子的眼睛迅速转向另一张空白的白纸，然后询问孩子"你看到了什么？"如果孩子说看到了一个和黑点一样大小的白色亮点，家长就立刻给孩子计时，一直到孩子说白色亮点消失为止。看到白点的时间越久，说明孩子的视觉集中性越好。

这个方法的训练原理是什么呢？是借助我们视觉神经系统的视觉后像原理。所谓"视觉后像"指的是人体在接触光刺激时，当光刺激停止作用后，在短暂的时间内头脑中仍然会留下印象。

视觉后像有"正后像"和"负后像"之分，正后像是指视分析所保持的映象与效应刺激物具有同一性质。比如在深夜，我们盯着亮着的灯一会儿，关掉灯之后就会在黑暗的背景上看到有一盏同一明度和色调的灯在发光，这就是正后像。

负后像是我们的视分析所保持的与刺激物补色转化的一种现象。比如我们看到黑色物体，注视一段时间后会在空白纸上看到白色亮点，注视蓝色后会看到黄色，注视紫色后会看到橙色。孩子的视线越稳定、越集中，他看到的视觉后像出现的时间越久；孩子的视线不稳定不集中，他看到的视觉后像出现的时间就越短，有的孩子甚至看不到视觉后像。一个视觉专注力良好的人正常能看到的视觉后像时间为三十秒到五十秒，而一个孩子能做到基本看得准不出错的话，视觉后像的达标时间也应该在十五秒左右。如果孩子连这样的数值都达不到，就一定会在学习当中反反复复犯所谓"粗心"的错误。

如果孩子视觉专注力的集中性非常不好，孩子在一开始会看不见白色的圆点，或者看到的很模糊，或者视觉后像持续时间连十秒钟都达不到，孩子的学习会非常吃力，他在写作业的过程中一定会出现跳字、漏字以及偏旁看颠倒这样的情况。而通过盯点法的练习，这种状况会逐步好转，当孩子能看到视觉后像达到十五秒以上，甚至超过二十秒了，"粗心"的问题就会逐渐变少甚至消失。

孩子练习一段时间还是看不到圆点怎么办？给大家调整的方法。如果练习两周后孩子还是看不见视觉后像，就按照以下的四步方法进行调整。

第一步：扩大黑色圆点的直径。把它从原来的 1cm 扩大到 1.5cm，让孩子练习一周，如果孩子 1.5cm 还是看不到，就扩大到 2cm，多数孩子这个时候就能看到了。如果孩子还是看不到，就进行下一步。

第二步：换形状。可以把黑色的实心图形换成花朵，汽车或者孩子感兴趣的其他形状，让孩子再练习一周到三周，直到孩子能看到了，就再回到正常的练习方法。但如果改变了形状孩子还看不到怎么办？就进行下一步。

第三步：调整室内光线。把家里的光线弄得稍微暗一些，暗到什么程度呢？就如白天阳光很好，我们把白色纱帘拉起来时的暗度就可以了。或者是你在手机或者平板电脑上用手写板画一个黑色的圆点也可以代替这一步。因为相对较暗的室内环境中，孩子更容易集中视线，比较容易看到亮点。有的孩子视觉集中性特别弱，在这种情况下他还是看不到，那就进行第四步。

第四步：换颜色。不要用黑色来练习，把圆点的黑色换成明黄色来练习，看看孩子能不能看到蓝色亮点,你会发现孩子可以做到了。

通过这样的四步调整,孩子经过反复的练习就能看到了。截至目前,经过大量家长的反馈,用四步调整的做法,最慢的孩子会在三到四个月集中视觉专注力,绝大多数孩子都能在一个月以内达标。

盯点法其实很简单,最重要的是我们坚持给孩子做。如果孩子训练了几天,不想继续了,这时你也可以换个形状,调剂、调动一下孩子的兴趣。

7. 孩子总是浮躁坐不住怎么改变？

> 浮躁是一树的蝉声、满池的蛙鸣，
> 却让人无视漫天的繁星。
>
> ——玉川白鹿

在专注力训练当中，有一个非常重要的训练方法可以同时训练孩子的视觉专注力、听觉专注力和感觉专注力，对专注力的持久性和转移性都有着非常好的训练效果，这个方法就是冥想训练法。当你发现孩子在家庭中、课堂里经常躁动不安，注意力始终虚浮于表面，无法沉静、投入地做事，这往往都是孩子专注力的持久性不达标而导致，此时孩子就非常需要冥想训练。

冥想不仅仅能帮助一个人提升专注力，更对我们的生命质量有非常大的影响。在很多书籍和文献资料中都谈到冥想，甚至现在很多知名学府都设立冥想课，冥想的重要性可见一斑。什么叫作冥想呢？所谓冥想其实简而言之就是一句话："心专注于一处的行为过程。"

根据神经学和心理学的研究，冥想可以增加大脑灰质的体积和密度，让人思绪清晰，冥想还能改变我们的"脑回路"，能平稳我们的情绪，降低抑郁和焦虑，提高我们的耐心，提升我们的睡眠质量。当一个孩子的心能稳定下来了，孩子自然而然就能坐得住，就不会再浮躁。

哈佛大学医学院的脑神经专家 Sara Lazar 曾招募了一批无冥想经验的波士顿居民，让他们集中进行三个月冥想，每天三十至四十分钟。结果影像扫描后发现，他们大脑中关键部位的灰质数量均有增加。而沉迷于网络或电视，每天花大量时间使用手机和电脑的人群，大脑中的灰质密度则会减少，并且会感到越来越焦虑和疲惫。

除了脑中关键灰质的增多外，冥想还被证明能增强脑神经连接，改善一个人的记忆力。一项研究发现，对于认知功能下降的人，每天十二分钟去除杂念集中精神进行冥想，能改善记忆与脑部功能。

前文提到了很多孩子睡眠不足，其实睡眠的时间长短是一个因素，睡眠质量也是非常重要的。在我指导的诸多孩子当中，在进行冥想训练后，孩子睡得更安稳了，甚至有的家长说孩子入睡非常快，再也不会在睡前辗转反侧。这是因为冥想能够平稳情绪，让大脑顺利进入 α 波，在安静愉悦的状态里孩子自然会拥有高质量的睡眠。

在冥想时，我们有意识地管理感官，让感官专注于预定的目标，从而起到训练的作用，因此冥想也能让我们更自律。

【冥想的训练步骤】

冥想时我们可以引导孩子心无旁骛将意识专注于呼吸，引导孩子排除外在干扰，专注地感受人中部位气息和缓进出的感觉，一吸一呼在心里默数"1"，一吸一呼在心里默数"2"，一直数到"8"，然后再从头来。看看孩子能数几组。你还可以扫描页面下方的二维码，跟随我给大家录制的冥想引导词和孩子一起练习。

做冥想练习的时候，请注意以下细节：

1. 房间尽量保持安静，灯光柔和，可以盘腿也可以在凳子上自然坐直，闭上眼睛。

2. 尽量放松肌肉和双肩，引导孩子从头顶开始放松，一直到脚底。

3. 用鼻吸气用嘴呼气，每次呼气时心中默数"1"，初次练习可以帮孩子计时，一直到孩子坐不住为止。有的孩子刚开始因为专注力的持久性非常差，所以一两分钟就坐不住了，这很正常。可以引导孩子每天从一两分钟开始练习，每周增加一分钟，这样一学期下来孩子的专注力持久性也可以达到不错的水平了，切记不要给孩子定闹钟。

4.每天练习建议在睡前，这样孩子做完冥想就可以自然入睡了。

冥想训练好处非常多，所以这个练习可以长期坚持。提升专注力，耐心很重要，坚持很重要，只有重复的次数够多，量变才能达到质变。冥想的习惯一旦养成，孩子将受益终身！

8. 孩子总是丢三落四、学习效率低怎么改变？

> 人的行为不是自由选择的，
>
> 而是环境影响与人所积累的经验与结果。
>
> ——斯金纳

很多父母都说孩子生活习惯特别差，整天丢三落四，事事让大人操心，而且过度依赖大人，真是恼人。尤其是写作业的时候，大人如果不提醒，就总是这丢一道题，那丢一个字。其实孩子有这个问题，生活习惯只是一方面，另一方面也说明孩子专注力广度是不够的。

这节我们来学习一个非常经典的专注力训练方法，是专门针对孩子视觉广度的训练，叫作舒尔特方格训练法。

舒尔特方格训练法是一个非常普及、成熟的方法。很多大学生和成年人为了提升自己的工作效率，长年累月都在进行舒尔特方格训练。它是通过动态的训练来锻炼视神经末梢，以此来培养专注力的集中、分配、控制能力；拓展孩子的视幅；提高视觉的稳定性、辨别力、定向搜索能力。

随着练习时间的增长，你会发现孩子能越来越快地完成舒尔特方格的练习。由此孩子眼球的末梢视觉能力提高，孩子在专注力广度的支持下加快阅读节奏，快速认读，提高学习效率。

【舒尔特方格训练法】

舒尔特方格训练非常简便易行，被广泛应用在很多专注力训练班中。它还有一定的游戏性，我曾经组织很多家庭举办了一期舒尔特方格的PK赛，结果发现好多大人都比不过孩子。你的视觉注意力的广度怎么样呢？可以现在就跟孩子来试一试。

标准的舒尔特方格是5×5，在这25个方格中，1—25个数字被打乱放入其中，练习者只需要用最快的速度从1找到25就可以了，时间越短越好，找得越快专注力的广度就越好。为什么？因为要想有速度，我们只有具备一定的视觉幅度才可以做到。

比如，你找完1了，再去找2，这样会非常慢。但是专注力广度好的人，他的视幅的范围就更大，他看1的时候余光就能扫描整个方格找2了，看2的时候，余光扫描就已经找到3了……只有这样速度才能提高。

目前在国际范围内舒尔特方格做得最快的纪录是8秒，这是一个非常惊人的速度！那孩子练习的标准是怎样的呢？

用5×5的舒尔特方格来说：

5—7岁的孩子：初次练习30秒以下为优秀；30—46秒属于中等水平，中等水平的孩子学习就不是很轻松了；如果超过55秒，孩子的学习就会比较吃力。

7—12岁的孩子：初次练习达到20秒以内是优秀，孩子的学习会比较轻松有效率；20—36秒属于中等水平，孩子的学习会比较费力一些；如果45秒以上才能完成，孩子的学习会非常吃力，他写作业的速度和阅读速度都会很慢。

12—14岁及以上青少年：能够达到16秒以内为优秀；达到16—26秒是中等水平；36秒以上为低等水平。这个年龄段的孩子因为知识结构日趋复杂，学习的状态不能仅仅依据孩子的专注力水平。孩子学习成绩不理想，很可能是专注力、思维力乃至内驱力都有一定程度的不足，因此需要家长进行综合分析。

下面来看详细的训练步骤——

步骤一：在纸上给孩子画一个5×5的格子，每个格子的长、宽都是1cm。你也可以在网上给孩子买比较标准的舒尔特方格练习卡。

步骤二：如果孩子初次训练，测试结果低于前面的标准，或属于低等水平，那么就需要给孩子降级练习。

比如，一个7岁的孩子，训练5×5舒尔特方格，他初次成绩为55秒，那么正式练习时就让孩子从4×4开始。如果训练4×4时，发现孩子找完一张舒尔特方格时间超过16秒，就要再次降级从3×3开始。3×3的舒尔特方格，孩子每张完成时间能达到3.5秒左右，就可以升级为4×4。4×4达到10秒以内就可以升级5×5。5×5一直训练到找完每张舒尔特方格时间不超过20秒，就算达标。

手机上也可以下载舒尔特APP，但我不建议使用，为什么？因为手机上的舒尔特方格是比较局限的，并不标准！首先格子大小就不标准，其次有的手机版还会每点一个数字就消除一个数字，这样无形中等于在降低练习的难度，因此训练的效果就非常差。所以建议最好用纸质的或者电脑版的进行练习。

步骤三：在家长开始计时后，请孩子用手指或者铅笔进行点数，而不是仅仅用眼睛扫描，因为这样家长才能确定孩子点数是否准确，否则孩子自己看错了也很难发现，就变成了无效练习。

舒尔特方格因为练习一轮仅仅需要几十秒，所以每天练习最好不少于五轮。

第二节　孩子核心能力之学习习惯

1. 为何孩子变得不爱学习？

> 所谓智力就是你不知道下一步做什么的时候动用的东西。
>
> ——皮亚杰

学习是孩子的本能，是孩子天生就具备的能力。每一个孩子来到这个世界，他对这个世界的一草一木、一尘一土，都充满好奇。孩子的学习能力是非常惊人的，在短短的五六年里就基本掌握了人生需要的大部分技能。

可是现在放眼看去，多少孩子都被划进"不爱学习"的框框里。孩子一说学习就头疼，感到厌烦。我经常让家长们带孩子做一个学习状态的小测验，回复的分数都让人心焦，每一张分数偏低的问卷都代表着一个学习遇到困扰的孩子，看到那么多的低分真的让人替孩子们担忧和着急。

有一个孩子，我们把他叫小明吧。这个孩子今年八岁，上二年级。他不爱上学，更不爱写作业。因为这孩子觉得上学实在是太难了。每天早上一进学校向老师提交作业的时候，是这个孩子一天当中最痛苦的时刻，因为他的作业总是不合格。这件事让他抬不起头来，但他还要故意装作无所谓的样子。

上课的时候，他感觉自己也在很认真地听老师讲课，他也很想弄懂老师的要求，可是这些努力似乎没有用，只要老师点名让他读课文或者回答问题他就会感觉非常惊慌。因为他总是念得磕磕巴巴出错又多，很多时候他自己都不知道自己念的到底是什么。

课间玩耍的时候，他也常常分不清同学们是在和他开玩笑还是在嘲笑他，是喜欢他还是讨厌他。有时候他以为自己是在开玩笑，可是同学却生气了，不理他甚至向老师去告状了。所以表面上看起来他朋友似乎挺多，其实他吃不准人家是不是真心把自己当朋友，心里还是挺孤单的。

所幸这个孩子在家和妈妈的沟通还比较顺畅，他喜欢和妈妈聊天，也能开诚布公地和妈妈说心里话。

不过即便如此，每天在家里只要一开始学习，家里的和谐气氛就会突然不见了，似乎随时都会爆发"战争"。他的学习问题让所有人头疼，老师经常打电话和他父母沟通，甚至要求家长去学校面谈。在重重压力下，妈妈感觉如果他的学习状态再不能有所变化，都没脸见他的老师了。可是即便是大人天天盯，时时盯，孩子的作业依旧是老样子，没有任何进步。

这个孩子问题到底出在哪儿？

首先我们需要给孩子正名：孩子不是不爱学习，不是不爱写作业，而是遇到自己无法解决的困境了！

我们从不同的侧重点，来看看小明厌学的原因，然后再一起来寻找解决办法。

首先，我想介绍一个心理学上的名词：心锚！

什么是心锚呢？我们可以简单地把它理解成一种条件反射。这种条件反射，是因为强烈的情绪和多次重复某个行为而引发的心理现象。也就是某种强烈的情绪和某件事情在多次重复后，两者形成了互相链接的关系。

举个例子，人们常说的：一朝被蛇咬十年怕井绳。

就是当初这个人被蛇咬了，所以产生了一个很强烈的情绪——恐惧！在以后很长一段时间里，他每当看到绳子就产生错觉以为看到了蛇，就心里一惊，恐惧再次被强化。在多次的错觉和强化后，到后来就算看得清清楚楚那只是一根绳子，心里也会莫名感觉到恐惧。

这就是心锚！绳子和恐惧这种感觉形成了链接，见到绳子，条件反射立刻发生。

再举个例子。

一个女孩在小时候，妈妈和爸爸感情不好。每到晚上，爸爸妈妈就会吵架，他们大声地相互指责，在幽静的夜里，声音格外刺耳，孩子感觉好害怕。经过多次重复，孩子一到晚上该睡觉的时间，就不由自主地感觉害怕或者心烦意乱。到孩子长大了，有了自己的家，也为人父母了，可是每到晚上，她还是常常莫名其妙地心烦意乱。

这就是心锚！这个女孩把晚上睡觉的时间点和害怕这种感觉形成了链接，条件反射就这样长期伴随着她。

再举个例子。

一位女士开车，刚开始不熟练，很容易紧张，所以一坐到驾驶座就会因为路上的种种情况焦虑生气。一段时间过后，这位女士虽然已经开车很熟练了，可是只要一坐到驾驶座上就会"变身"成一个性格急躁、一点就炸的人，这就是"路怒症"！所有的"路怒症"其实都是心锚在起作用。这位女士已经通过多次的重复把驾驶座和愤怒这种感觉链接到了一起。

现在我们再回头来看小明同学。

小明在家每天和爸爸妈妈做和学习无关的事都是开开心心的，可是开始学习时，父母就如临大敌，紧张和焦虑的氛围影响着家里的每一个人，尤其是小明的妈妈和小明。此时，强烈的情绪已经开始发生。每当小明坐到书桌前，妈妈就忍不住不断提醒："今天写作业一定要一次就写好。你完全能一次写好的，你为什么每次都反复写错？搞得大家都生气。"于是形成了一个怪圈：书桌—作业—烦躁—书桌—作业—烦躁……

孩子进入小学之前这个恶性循环就开始了，所以重复多次之后，就算父母现在不唠叨他了，甚至父母不在他学习的现场，孩子的负面心锚依然会自动启动。只要孩子坐在书桌前面对作业，和学习链接的情绪反应就出现了——孩子开始烦躁！因为书桌、作业、烦躁已经形成了固定的条件反射。

在学校也是如此。当老师用一刀切的状态面对一群孩子，小明就总是被切到的那一个，因为每个孩子在学习能力方面各有所长。小明的短处刚好就是阅读和书写（至于孩子的阅读和书写为什么会成为短处，我们后面会详细阐述），所以学校的学习生活给小明带来的情绪感受也是担忧和恐惧。于是也形成了一个怪圈：学校—作业—恐惧—学校—作业—恐惧……

久而久之，多次重复之后，就加强了小明对学习厌烦和恐惧的心锚。

俗话说：心结宜解不宜结。已经种下负面心锚要想去除就要付出更多的心力！

很多父母就是不了解这其中的原理才会好心办了坏事！那么如何解决呢？继续往下阅读。

2. 不要毁了孩子终身的学习力

> 人必须要拥有一种自我效能感，
> 才能应对人生中不可避免的阻碍。
>
> ——班杜拉

问你一个问题，你会不会每天很努力地培养一个人，目的是为了将来某一天他变成你的仇人？你肯定会说："我怎么会这么想这么做呢？我又不傻？！"

不不不！你不知道，这样傻的人天底下有很多，说不定你也是其中一个。有非常多的父母每天都在"踏踏实实"这么做。

我曾经带家长看过一些我们辅导孩子写作业的实录，看着镜头里各种气急败坏、暴跳如雷、压抑烦躁、怒吼大叫的场景，家长们纷纷苦笑说自己和录像里的人差不多，自己家里也几乎每天都在上演同样的戏码。

想一想，我们每天工作那么累、那么辛苦，还要管孩子学习管孩子前途，但是用这种暴力的方式来陪孩子写作业，是不是十有八九在培养一个仇人？因为人都是感情动物，我们每天点灯熬油地陪着孩子熬到深更半夜，却积累了越来越多糟糕的感觉，天长日久之后能有什么结果？最大的可能性就是孩子会越来越烦我们，越来越讨厌我们的这张脸和我们说话的声音，是不是？

我搞教育学和心理咨询前后已经二十余年了，经常遇到孩子们在四五年级以后，尤其是在上了初中、高中以后和父母真的是水火不容。有的孩子拒绝上学，父母连说一句都不能说，只要劝说孩子去上学，孩子就立刻暴跳如雷。我们不能简单说孩子不懂事，要来看一看，在孩子小时候，爸爸妈妈在帮他的过程中，是怎样把他养育大的？是用温暖的感情还是彼此折磨？

有一年我的咨询室里来了一对父子，那个男孩给我的印象特别深刻，因为他的名字很好听，还有另外一个原因——他个子特别高，近一米九的个子，长得非常帅气，当时他在上高二。把孩子养这么大，父母一定没少付出，可时至今日他和爸爸的关系已经紧张到基本无法对话的程度了。孩子对父亲一个字都不想说，整个咨询过程中最多斜着眼睛瞟一眼爸爸，他的诉求是再也不想去上学。父母认为他才读高二，现在不上学以后怎么办。可是不管父母怎么焦虑难过，孩子都无动于衷。

他父亲是个工人，赚钱不多，心理咨询也给他们的家庭增加了一笔额外的支出，但是父亲还是每次请假，带他定时定点来咨询，可见父母是很爱他的。但是孩子却感受不到父母的爱，他对父亲冷眼相对。因为不上学，爸爸就不让他玩电脑、玩手机，到现在只要和孩子聊学习的事，孩子就会把房门紧闭！父母敲门也不理不睬，甚至有一次，他把菜刀剁在了门上，就是为了警告父亲不要再进他的房间。

所以我们要反思，在孩子小时候，我们因为一道计算题一个字一个知识点，对孩子随意发脾气，一天天累积起来的怨恨我们消化得了吗？这真的对孩子的未来有好处吗？值得吗？

有的父母可能说，我不怕我的孩子仇视我，只要他将来好就行了！可是孩子能好吗？

一位妈妈教孩子写作业，孩子提笔就写了 2+2=3。妈妈非常愤怒，又拍桌子又跳脚，把自己气得心动过速了！妈妈不能理解这么简单的题，而且她已经反复教过了，孩子怎么还写错。可是从孩子的角度来看，就算妈妈已经给她反复讲了 2+2=4，她也把这道题背会了（你瞧，孩子在这种氛围下学习，是以结果为导向，因此不理解的题直接把答案背下来，这样的学习方式对孩子的意义在哪里呢？），可是写的时候不知为何自己就写成等于 3 了呢？事后妈妈聊起这件事，觉得自己很可笑，针尖大的事当时怎么就那么生气？至于吗？

所以，愤怒是没用的，孩子不懂的还是不懂，不明白的还是不明白，不会的还是不会。前面的章节里讲到了孩子的大脑结构，我们就应该明白，大人在盛怒之下，孩子的理智脑已经本能地关闭了，已经无法正常思考了！这个时候你给她怎么教孩子都无法吸收。正确的做法是什么呢？在两个人都陷入焦虑后，你和孩子最需要做的就是先出去透透气，三五分钟都足够。

你可以这样对孩子说："不行了，妈妈的脑袋都晕了，我已经开始烦躁了。宝贝，你的脑袋是不是也有些发蒙了，走走走，咱们去透透气去。脑袋清醒点咱们再回来学习。"之后的几分钟时间里，你可以和孩子到院子里看看花儿，看看草，看看天，跑一跑。一棵树，两棵树，三棵树，再加一棵树，一共有几棵？有四棵。你瞧，孩子是不是一下更容易理解了呢？妈妈蹦两下，宝贝蹦两下，我们一起跳了几下？跳了四下。

那么，1+3等于几？2+2等于几？孩子学会了没有？其他的单词、公式、应用题都是同样的道理。这主要说的是孩子的状态！状态不在时，学什么都费劲，状态到位了，学什么都轻松。

最重要的是在这样的状态下，孩子不仅仅学会了一道题，他还学会了改变自己、调整自己的方法，这也是学习当中至关重要的部分，学会管理自己的情绪，学会举一反三。这样的示范并不需要多，偶尔有一两次，他的学习能力会逐渐提高，他对学习的焦虑会下降，你才有机会在日后省心。

所以我们一定要记得，你和孩子的状态不到位，所有的努力都是白费。

就好比你是一个特别善良的厨师，但是你的技术特"臭"，你感觉红烧肉对孩子很有营养，但是你的技术差，做的红烧肉非常难吃，孩子还没吃就想吐，结果你竟然还尽职尽责地每天要逼他吃一碗，你想一想，他恨不恨厨师？可能恨透了你。

所以，有一颗好心，我们还要有好的技术，才能做出一顿好饭，孩子才能吸收得了营养，否则的话每天吃饭都是活受罪。

对于家长来说，面对孩子作业这个问题，我们谁缺好心？我们谁都不缺好心！但是你有没有好技术？如果你没有好技术，你就等于天天在搞一碗让孩子想吐的饭，他每多吃一顿就对你多恨一分，这辈子他都不想再碰红烧肉。

所以，既然我们决定要做饭，我们就有责任提高技术，要么就干脆不要做。如果你不做，最起码孩子不会厌烦吃饭这件事情，可能在以后的岁月里，他有一天会遇到一个会做红烧肉的人，他一尝"这道菜味道不错"，他就有机会爱上红烧肉了！

就好比一个没有人管、没有人辅导的孩子，可能他暂时学习不是那么好，但有一天他碰到了一个特别好的老师，说不定这个孩子一下子就被激起了学习动力。但是你不会辅导，又硬要辅导，把孩子弄得再也不想学习了，那么你就把他终身的学习能力给毁了。

当然碰上好老师是孩子的运气，他当下能不能得到你的帮助是你的决定。所以你要提高技术来给孩子实质的帮助吗？要的话，后文有五个改善孩子学习好习惯的行动，就好好学起来，一起行动吧。

3. 孩子学习状态及学习习惯测试

> 如果我想要促进与我相关的他人成长，
> 我自己必须不断成长；
> 成长的确常常会令人感到痛苦，
> 但也令人变得更丰富充实。
>
> ——卡尔·罗杰斯

这个章节我们首先来测试一下孩子的学习能力，看看他最主要欠缺的是什么。下面是两个测试，一个是学习状态检测，一个是学习习惯检测。

学习状态检测问卷

下面的十道题请你根据孩子的实际情况进行回答，每道题答"是"计1分，"否"计0分。然后再对照分数看看孩子的学习状态如何。

1. 我的孩子不喜欢写作业。　　　　　　　　　　是（　）否（　）
2. 我的孩子写作业需要其他人提醒。　　　　　　是（　）否（　）
3. 我的孩子写作业不专心，经常左顾右盼小动作多。是（　）否（　）
4. 我的孩子写作业怕难题，看到复杂的题目会不高兴。是（　）否（　）
5. 我的孩子写作业拖拉磨蹭，会影响睡觉时间。　是（　）否（　）
6. 我的孩子很少主动预习复习。　　　　　　　　是（　）否（　）
7. 我经常会因为学习的事情和孩子生气。　　　　是（　）否（　）
8. 孩子玩手机或玩电脑就管不住自己，玩个没完。是（　）否（　）

9.孩子写作业得过且过，有时书写凌乱。　　　　是（　）否（　）

10.孩子写完作业不会主动检查和修改。　　　　是（　）否（　）

孩子的得分是：_____分

0分：孩子学习状态良好，有学习兴趣和学习责任心，大人无须操心孩子也能主动完成学习任务，并且孩子对学习是有自我要求的，在良好的学习责任感的支持下，孩子的学习成绩稳定且突出。

1—3分：说明孩子状态稍微有波动，虽然不喜欢写作业，但是能按时完成，只不过需要家长适当督促才能完成得比较好；如果没有人督促，可能就有敷衍了事的现象。写作业是"完成任务"的心态。

4—5分：说明孩子对学习已经有厌烦情绪了。能按时完成作业，但是比较磨蹭拖拉，通常家长需要多次催促孩子才会写作业，作业会影响家庭关系和睡觉的时间。作业粗心大意的情况也很多，得过且过。

6—10分：孩子的厌学情绪已经比较明显了。孩子听到父母催促自己写作业就会烦躁，不想写作业，并且经常对作业偷工减料，能少写就少写。作业也比较凌乱，父母要求改正，孩子经常会抗拒不配合。有的孩子表现出相反的一种情况，看起来没有明显的对抗，但是写作业出错率很高，父母给讲也好像比较笨学不会；但是平时生活中却表现得很聪明，大量的时间用在玩手机、玩电脑，却不愿意学习。对各种兴趣班也都不感兴趣，只要是和学习相关的事都比较排斥和抗拒。

学习习惯检测问卷

孩子的学习习惯不好，家长才会有操不完的心，孩子也会越学越吃力，下面我会给大家十五道题，经常出现打2分，偶尔出现打1分，没有出现打0分。最后计算总分，我们再一起分析孩子学习习惯的现状。

1. 孩子学习不主动。

   经常（ ）　偶尔（ ）　没有（ ）

2. 孩子上课注意力不集中，很容易受到外界干扰。

   经常（ ）　偶尔（ ）　没有（ ）

3. 在写作业时遇到困难很容易放弃。

   经常（ ）　偶尔（ ）　没有（ ）

4. 考试或者作业粗心大意，会做的题都做错。

   经常（ ）　偶尔（ ）　没有（ ）

5. 孩子只喜欢听表扬，不接受批评。

   经常（ ）　偶尔（ ）　没有（ ）

6. 孩子胆小，不敢表现自己，上课很少回答问题。

   经常（ ）　偶尔（ ）　没有（ ）

7. 没有上进心，考不好，喜欢和弱的同学比。

   经常（ ）　偶尔（ ）　没有（ ）

8. 写作业磨蹭，各种小动作，上厕所、喝水等。

   经常（ ）　偶尔（ ）　没有（ ）

9. 想表现好，但没有实际行动，也不付出努力。

   经常（ ）　偶尔（ ）　没有（ ）

10. 记不全老师留的作业和通知，总是忘作业。

    经常（ ）　偶尔（ ）　没有（ ）

11. 独立解决问题能力弱（遇到难题直接求助）。

    经常（ ）　偶尔（ ）　没有（ ）

12. 父母老师问话，经常回答"不知道"。

    经常（ ）　偶尔（ ）　没有（ ）

13. 家长和老师不盯、不催就不知道写作业。

    经常（ ）　偶尔（ ）　没有（ ）

14. 不会收拾桌子，书包凌乱。

经常（ ）　　偶尔（ ）　　没有（ ）

15. 经常丢东西：外套、红领巾、各种学习用品。

经常（ ）　　偶尔（ ）　　没有（ ）

孩子的得分是：_____分

0—5分：孩子学习习惯良好，孩子已经基本形成了自己的学习规范，也有自己的学习流程，对于学习用品的归纳和整理基本也能自理。家长基本可以省心地让孩子独立学习。

6—10分：学习习惯尚可，正在养成的过程中。孩子的行为是随着心情走，心情好时，学习习惯还可以；情绪一般时，学习习惯就不佳。但是大部分情况下，只要家长要求，孩子都会配合得不错，但是如果大人放松了，孩子也就立刻会松散起来。

11—20分：学习习惯较差，属于家长操心孩子不上心的状态。孩子基本还没有成型的习惯，每个习惯都需要大人不断督促，只要大人不说孩子就不做。但是孩子绝大多数情况下不会和家长太较劲，只要大人多次督促，孩子还是能做到的。

21—30分：学习习惯非常差，属于家长费心孩子未必配合的状态。孩子厌学情绪明显，大人每天操心很多，但是孩子却常常较劲，钻空子现象严重。自理能力差，事事需要大人提点，只要提点不到孩子就敷衍了事得过且过。对学习没有责任心更没有自我要求。

4. 孩子的好习惯有哪些？

> 学习就是联结，人之所以善于学习主要是因为他能形成大量的联结，千千万万的联结。学习会使人成为异常复杂而精致的联结系统。
>
> ——桑代克

很多家长都说："我的孩子啥道理都懂，就是一到行动的时候，根本做不到。写作业这件事上更是如此，孩子明明知道快点写，就能大家都轻松，但是他就是没完没了地磨蹭。他也明明知道只要他不耽误时间，我们下班回来就不会生气，可他就是要拖拖拉拉，好像专门等着我们回来拾掇他一顿，他才舒服！为什么道理都懂，孩子却做不到？"

我们要明白："知道"不等于"做到"！这中间还有很长的一个过程和路径，就是"练习"或者"训练"。所以学习，"学"是第一步，"习"是后面的无数步。

作为家长你明明知道对孩子大吼大叫是特别不好的，但是你为什么道理都懂却做不到心平气和？因为，你的头脑虽然知道，但是你的身体记忆不知道，你的细胞记忆不知道，你的情绪记忆不知道，你的习惯记忆不知道。

画重点哦！是的，你的身体、细胞、情绪还有行为习惯都是有记忆的，仅仅你的头脑知道了有什么用？你的这些记忆都还是旧的啊。所以，每当孩子表现不好，你的头脑再清楚地知道"不要发火、不要发火、不要发火……"，你身体、情绪、行为习惯还是会按照老样子立刻爆发，因为它们只会按照旧有的记忆做事。除非你开始训练一个崭新的行为模式，在你训练的过程里，今天你失败一次，明天你又成功了一次，后天你又失败了一次，大后天你又成功一次，逐渐地，成功失败成功失败中，新的记忆就产生了，这个时候你就能轻松地"知道"并且也能"做到"了。

孩子也是这样，孩子知道再多的道理也没有用，因为他的身体细胞不知道，他的情绪不知道，他的行为习惯不知道，所以他头脑再知道，只要一做事他还是老样子！所以你要给孩子机会练习和训练，这才是正解。

孩子的学习好习惯有十个，这十个习惯，有五个是基础习惯，还有五个是加分习惯。你想让孩子主动学习，学出好成绩，这些学习习惯是必须的基本条件。在孩子没有养成这些习惯之前，你给孩子报的辅导班，甚至报的兴趣班，这些学费常常都会打水漂。这就好比一个人的消化功能不好，我们却给他订了一桌满汉全席，面对满桌的山珍海味，这个人也无福消受。最后就是钱也花了，食物也白白地浪费了！孩子的学习也是一样的，学习能力和学习习惯就好比是孩子面对学习这件事的"消化系统"。消化系统良好，正餐加餐孩子都能消化吸收；消化系统不好，孩子的正餐都无法正常消化，加餐纯属多此一举。

孩子一到三年级是养成学习好习惯的黄金期，四五年级是补偿期，越早开始给孩子系统地加强学习习惯培养，孩子大人越早轻松。每个学习习惯的训练时间半个月到一个月不等，最少重复十五到三十次，这样一个学期的时间，家长就能帮助孩子养成受益终身的好习惯。我们根本不需要整天对孩子发脾气，也不需要从孩子七岁催他学习催到十一二岁，因为这样催来催去的结果就是孩子彻底烦了，家长也彻底累了，孩子的学习习惯依旧一塌糊涂。

好，下面我们就罗列一下孩子要养成的这十个学习好习惯。

能按时，有速度，有质量，能专心，有主次，能检查，能独立，能复习，能预习，能自我激励。这十个学习好习惯，前面的五个是基础习惯，是孩子每天能顺利完成学习任务的基本行为。后五个习惯是加分习惯，是孩子成绩好的保障。这些习惯按照上面罗列的顺序逐一养成会更加轻松。

"能按时"：这个习惯要求孩子要自发主动地按照自己要求的学习时间完成学习任务。

"有速度"：这个习惯要求孩子自动自发地对自己的学习效率提出要求，让自己的学习能够更高效。

"有质量"：这个习惯要求孩子能自动自发地对自己的学习任务提出要求，字写到什么程度，书写格式应该如何，孩子都有自己的标准。

"能专心"：这个习惯要求孩子能自动自发地要求自己用更投入的状态面对学习任务，能更加沉浸于学习当中。

"有主次"：这个习惯要求孩子能自动自发地对自己的学习精力进行管理，把学习内容和学习精力进行匹配。

这五个习惯是孩子顺利完成学业的基础条件，养成了这五个学习好习惯，孩子的学习成绩将会非常稳定。

"能检查"：就是孩子检查自己的作业有一定的方法，而且对学习的正确率有一定的自我要求。

"能独立"：就是孩子自动自发地对自己的学习承担起责任，并且不允许一些日常事务打扰自己的学习节奏和学习计划。

"能复习"：就是孩子能按照一定节奏自动自发地复习学习内容，并且有自己的复习策略和复习要求。

"能预习"：就是孩子能按照自己熟练的方式和方法进行自学和预习，并且有自己的预习策略和预习要求。

"能自我激励"：就是孩子在遇到学习上的挫折时，自己会激励自己，也有方法帮助自己恢复学习状态。

所以不要再每天重复无效的动作，把有效行为每天重复起来，让孩子每天都进步吧。

5. 如何调整孩子的学习状态?

循环已然开始,"可能"已然明确,
"童年所受的教育"已然扎根。

——果儿姨妈

作为家长,我们为什么在孩子的学习问题上那么容易发脾气?

答案是:我们怕呀!

我们怕孩子今天不努力,学习成绩上不去怎么办?被老师同学歧视怎么办?未来没有保障怎么办?没有文化导致没有出路怎么办?……因此,我们一遇到孩子的学习问题,大脑里的那根弦就绷紧了,就很容易烦躁和焦虑。

其实,我们要知道,"学习成绩好"这是一个结果,如果我们想要这个结果,就要搞清楚实现这个"果"的"因"到底是什么?如果这个"因"看不清,就算我们再着急,再抓狂,往往也是盲目付出。

对于学习成绩不好的孩子来说,绝大多数并非是因为他的智力跟不上,而是其他一些非智力因素导致的。非智力因素一般有两个:

第一,情商不够,导致孩子抗挫折能力低下;

第二,学习动力受损,导致孩子没有努力的意愿。

我们先来看第一个,导致孩子学习跟不上的往往是孩子的情商不够。情商是什么?之前我们讲了,情商是利用情绪和情感的力量,影响自己和他人的能力。

每个孩子都会在学习中遇到压力和难题，情商高的孩子就会利用情绪和情感的力量，把自己向正面的方向带动和影响，所以他遇到学习困难往往情绪也非常稳定，不慌不忙，按部就班地该做什么做什么。而情商低的孩子就不行了，他在学习的时候，只要遇上一点不顺心，就会向负面方向去影响自己。比如他会持续地纠结：

为什么作业这么多？

为什么一道题都会了老师还要让他们做很多遍？

为什么一个字怎么写也写不好？

……

他反复在心里、在口中不停地抱怨和琢磨这些让他心烦意乱的问题，越来越烦躁，而且因为孩子的情商不够，所以他拿这种烦躁没有任何办法，他没有能力调整自己。因此他就会一学习就不停地乱发脾气、不高兴，总需要家长对他反复安慰和劝说。所以看起来孩子似乎每天都花很多时间在学习，其实大部分时间都在反反复复调整情绪。

我们再来看影响孩子学习成绩的第二个非智力因素：学习动力。

当孩子的学习动力受损，他为了学习而努力的意愿就会非常低。学习没有动力的孩子，他的表现往往是：

1. 学习很被动，需要家长一遍遍地催；

2. 学习的过程中疲疲沓沓，没有积极的状态；

3. 学习的时候对自己的要求非常低，通常是敷衍了事，得过且过。

要想解决孩子学习动力受损的问题，首先要搞清楚是什么原因导致他学习动力受到损伤的？只有找到了原因，我们才能有针对性地逐一攻破，孩子的动力才有可能恢复。

我们来学习一个心理学概念，"习得性无助"。什么是"习得性无助"？

一个人对一件事如果通过很多次的努力，仍然无法达成目标，这个人就会形成一种对现实的绝望和无可奈何的心理状态，他从此以后就会对这件事产生深深的无助和无力的感觉，并且他会得出结论"努力是没有用的"。这就是典型的习得性无助的心理状态。

"习得性无助"是美国心理学家赛里格曼在1967年提出的，他用很多条狗做了一系列残忍的实验。

首先，他把一只狗关在铁笼子里，然后在拉响警铃的同时给狗施加强烈的电击，只要拉响警铃，就会进行电击。因为狗被关在非常结实密闭的木箱里，所以是逃不出来的，因此，它就只能在笼子里乱撞，惊恐哀嚎。这个实验刚开始，每次警铃响起对狗电击的时候，它都会努力地想办法逃离，它刨笼子，撞笼子的四壁，但是都没用。在进行了多轮电击后，它不再努力了。因为它发现努力没有用，不管怎么样，这样恐怖的声音和恐怖的疼痛感都会来临，自己是躲不掉的。所以哪怕再对它进行电击，他也只会在地上抽搐和哀嚎，没有任何想跑的行为。甚至到后来，实验人员把笼子门打开，对狗进行电击，它也不逃脱，还是仅仅忍受痛苦倒地哀嚎和颤抖。

你瞧，笼子的门已经打开了，它那么轻易就可以跑掉，但它仍然待在笼子里，绝望地等待痛苦的来临，这就是习得性无助。

习得性无助在我们的生活中无处不在，在很多家庭当中也是无处不在，只是很多人没有意识到而已。比如，我们努力地做一件事，如果我们总是失败，我们就会认为自己不适合干这件事，以后只要遇上类似的事情，我们很可能还没做就已经在心里发怵了，还没尝试就已经想要放弃努力了。这说明我们已经陷入了习得性无助。

如果我们让一个孩子陷入习得性无助，后果非常严重。

比如，很多孩子不愿意和父母说心里话，家长越想帮他，他越是拒绝回答家长的询问。这往往就是因为我们和孩子长期的沟通不畅形成的，因为他发现无论自己怎么说，大人都理解不了，而且自己随便说一句话，大人就会讲道理，开始说他这里不对那里不对。孩子逐渐就对沟通失去了信心，最后干脆什么也不给父母说，免得大人给他上纲上线。这样的习得性无助不但会让孩子没有办法得到家长的帮助，还会让大人很无奈。

再比如说：很多孩子学习的时候，很简单的小困难，他不愿意努力克服。可能从我们家长的角度来看："一个字写不好，孩子你多练几遍不就好了吗？""一道题做不好，孩子你多做几次不就会了吗？"但是，孩子看到的是：当一个字写不好，爸爸妈妈会不满意。当他努力练过好多遍后，手都写酸了，只要写出来的字不符合爸爸妈妈的心理预期，爸爸妈妈还是不满意。爸爸妈妈是看不到自己的努力的，他们能看到的只有自己的标准而已。最后孩子会得出一个结论："既然努力了爸爸妈妈不满意，不努力爸爸妈妈也是不满意，努力又有什么用？"

这样的"习得性无助"的心理状态最起码会有两大危害：

1. 它会持续破坏我们和孩子之间的亲子关系。

它会形成一个恶性循环，亲子之间不断发生抱怨和矛盾。大人会对孩子越来越失望，孩子会对大人越来越愤怒。在这样一个恶性循环当中，最终受损伤的是孩子的成长，尤其是孩子的学业发展。

2. 它会持续破坏孩子对学习的责任心和成就感。

当一个孩子在学习中持续感受到挫败，家长对他不满意，经常对他发脾气，老师对他不满意，经常对他进行批评，甚至他自己都对自己不满意，经常感觉自己无能和窝囊，孩子面对学习就会总想逃避。

那么该如何调整呢？

首先，情商提升需要一个比较系统的过程。这里我会给大家一个帮助孩子稳定学习心态的小练习，经常这样做，对孩子帮助很大。这个方法叫作"481"呼吸法。

具体的操作步骤是这样的。

练习的时机：在孩子写作业前，或者在学习过程中，孩子感觉非常烦躁、作业负担非常重、压力很大时，我们就可以带孩子做这个练习。

第一步：理解孩子的情绪就足够。不劝说，不安慰，不试图改变孩子的想法。你可以平和地这样说："妈妈发现你这会儿有些烦，有些着急，妈妈非常能理解你。来，咱们一起做个小动作。"

第二步：你和孩子手拉手，看着孩子的眼睛，让孩子和你一起缓缓吸气，并且心里默数四个数字："1、2、3、4。"

第三步：屏住呼吸，和孩子握紧双手，在心里默数8个数字："1、2、3、4、5、6、7、8。"

第四步：和孩子一起猛然间全身心放松，一下子把屏住的气息完全呼出去。

这样反复练习三到五轮，用时两三分钟，但是比你给孩子讲道理要管用很多，你会发现孩子在练习之后已经没有那么烦躁了，即便口头上还有些抱怨，但是情绪的能量已经能支持他继续写作业了。

在这个章节里，我们学习到了影响孩子学习成绩的两个非智力因素。第一个非智力因素是孩子情商的高低：孩子的情商高、抗挫折能力强，就能给自己带来正面影响；孩子的情商低、抗压能力弱，给自己往往带来的是负面影响。第二个非智力因素是孩子的学习动力，我们学习到了一个影响孩子学习动力的心理学的关键概念，叫"习得性无助"，我们也学习了习得性无助对孩子的负面影响和危害。最后，我们还学习了一个帮助孩子改善学习状态的小练习"481"呼吸法，这个练习一定要多多做哦。

6. 如何让孩子主动按时写作业？

> 我想成为一棵树，
> 为岁月而生长，
> 不伤害任何人。
>
> ——米沃什

家长以学习之名伤害孩子的事普遍发生。家长们难以理解，为何孩子不能主动自觉地按时完成作业任务，而解决这一难题似乎只有一个办法，就是每天催催催，无数遍地催。事情的结果往往是，只有催得大人恼火了，孩子才磨磨蹭蹭行动。难道真的是孩子"需要"一顿训、一顿打，否则就无法启动学习模式？当然不是啦。事实情况是，在长期的提醒之下，家长的愤怒已经变成孩子的一个"行动开关"，这样下去孩子永远无法自己管理自己。

每次孩子需要做什么事时，假如家长都如同一个闹钟一样一遍一遍地提醒，那么哪一遍他才需要行动呢？孩子慢慢地会习惯依据你的情绪来判断。当孩子看到大人愤怒，他潜意识里就明白了："唉，'闹钟'已经要爆炸了，再不行动不行了，去写吧！"所以解决这个问题，我们千万不能让孩子习惯"我们的催促"。你可能会说："郑老师，不催不行啊，不催下辈子他都不写作业！"

如果你也有这样的困扰和担心，那你要学会的是"跟进"而不是"催促"。你要明白：跟进和催促是两回事。孩子在没有养成自律性的时候，他的确是需要家长的跟进，却不需要家长的催促。什么叫跟进呢？跟进就是孩子有一个小目标，家长帮助孩子强化和实现这个小目标，并且让孩子感觉自己的目标越来越容易实现，这叫跟进。而催促却是，家长自己烦躁了，于是在情绪失控中宣泄自己的着急和焦虑。在这样的情绪升温中，家长每提醒孩子一遍，每催促孩子一次，自己的情绪就会上升一度，于是为了能给自己的情绪找个出口，我们就会越催越急，越急越催。所以跟进是在平和的情绪中帮助孩子自律，而提醒和催促却是家长为了缓解自己的焦虑而已。

我们现在就来学习如何跟进。我们先看如何让孩子更顺利地自觉开始写作业。这里的重点，其实是"开始"这两个字。如果现在让你来完成一幅画，我告诉你："这幅画非常大，非常复杂，你一定要早点开始动手，要不然你就完成不了了。"此时你的感觉如何？是不是立刻感觉压力来了，这个压力沉重到你根本不想开始。这就是孩子为什么不想开始写作业。我们很多家长平时劝孩子去写作业时语言是类似的，我们通常都会说："今天作业特别多，你抓紧时间，早点开始写，不然又要睡晚了。"当孩子听到这样的话，他的感觉就是有一座"大山"等着他搬，还没写就已经累了。于是就拖啊拖，能拖一分钟是一分钟；起码在拖的时候，还能感受片刻的轻松。

同样的事情，换种说法，对孩子或许更有帮助！

比如还是前面那个例子，我要邀请你画一幅画，于是我说："亲爱的，有一个小任务，你只要走到那张纸前面，拿起画笔，你就已经完成这个小任务了。之后你可以在那些作品中选择一张，动起笔来，看看自己能画到哪一步。"这时候，你是不是感觉很轻松，因为这是一个非常简单的小任务。让孩子养成自觉按时写作业的习惯也是这样的。我们要知道，孩子需要养成的第一个学习好习惯就是"按时"，让孩子按时写作业的诀窍是（注意，这是重点）：让孩子明白自己成功的标准是什么？成功的标准是"只要能够在自己决定的时间点，坐在了书桌前的凳子上，打开了书和本子，拿起了笔，开始写第一个字"。

核心是让孩子自己做主，具体操作步骤如下：

第一步：孩子确定自己要开始写作业的时间，然后家长把孩子的目标写在一张 A4 纸上，大大地张贴在孩子的书桌前，完成一次，孩子就可以画上一个成功标志。

第二步：家长和孩子一起来定两个闹钟，孩子的目标时间前 3 分钟定一个，目标时间的准点时间再定一个。定好之后，每次闹钟响起，家长千万不要去关闹钟，哪怕闹钟一遍一遍响也不要插手。因为闹钟的声音在孩子心里会引发一点点的焦虑，这种适度的焦虑对孩子拿出行动力是非常有好处的，到一定的临界点，孩子自己就会行动。注意，你的情绪越平和，完全不受当下场景的扰动，孩子就越容易学会自律。

第三步：跟进。在准点的时间，假如孩子已经坐在了书桌前，我们只需要走过去，用眼神和大拇指告诉他："今天你成功了，真棒！"如果孩子到了准点的时间也没有行动，我们只需要平和地对孩子说："学习时间到了。"然后就自行走到书桌前，等待孩子，不催促也不着急，就只是安静专心地等待。之前我们说了，孩子每养成一个学习好习惯至少需要重复十五到三十次，并且是不间断地重复。如果你每天和孩子一起平和耐心地做这个简单的小动作，你会发现，孩子自觉按时写作业的好习惯要不了多久就养成了。

当然，有的孩子养成这个习惯没有那么容易，他会在闹钟响起的时候关闭闹钟继续玩。这就是考验家长耐心的时候了，你一定要记住成功的秘诀：按兵不动，等待孩子内心焦虑临界点的到来。如果你先沉不住气了，再一次开始催促，你们就回到了老路。但是你一直心平气和地做自己的事，孩子的内心就慢慢开始动摇，一直到他感觉不能再拖了，这时候的行动就是他自己提醒自己完成的。然后就可以进行第四步了。

第四步：回应孩子。如果孩子是主动完成任务的，你告诉孩子："祝贺你，今天成功了。"如果孩子拖拉了一会儿，甚至拖拉了很久才开始学习的，你也应心平气和地回应："你今天距离成功 × 分钟。祝你明天成功。"这样就足够了，什么都不要多说。

经过我们作业训练营一批又一批的家长验证，当家长能稳住自己的心态，孩子即便刚开始失败，也能在重复以上步骤一段时间后慢慢变得自觉起来。

你可以把这四个步骤记在手机记事本上，在三十天内每天重复一遍。

7. 如何提高孩子的学习速度？

> 与自闭思维相关联的一个重要因素是合理化，人们都不想承认自己的思维是自闭的。
>
> ——戈登·奥尔波特

有关孩子写作业速度的问题，南京市曾做过一项"小学生作业效率调查"，根据问卷，68%的小学生有不同程度的磨蹭拖拉，15%的小学生不愿意完成甚至拒绝完成家庭作业。而在我多年的职业生涯中，向我咨询孩子学习态度、学习效率、学习动力的家长最多。大量家长反映：孩子学习速度慢得让人抓狂。例如：写作业中途要喝水、上厕所、找东西，或者反复提出要休息。眼看大把时间被浪费，家长催也不是不催也不是。

我们总以为，只要一直催孩子，他的时间观念就养成了，学习效率就提高了。其实我们错了，这样做，对孩子的时间观念养成根本无效，相反，这是在破坏孩子的时间感知能力！

每个孩子内在的时间感知能力都是不一样的。有的孩子"内在时间"会快一些，而有的孩子"内在时间"会慢一些。作为家长，我们需要做的是——设法帮助孩子建立一个与客观时间同步的"内在时间"。

再强调一次：我们需要帮助孩子，让他做到"内在时间"和"客观时间"同步。只有这样，他对时间才能进行强有力的把握。当他能感觉到"客观时间"紧张了，有些来不及了，他才能主动地加快速度。

而我们不停地催孩子，只会造成一个糟糕结果：让孩子患上时间无感症，即对"客观时间"完全无感。孩子一直在观察我们,根据我们的状态来做决定。

"嗯,妈妈的火气还不太大,说明时间还多,慢慢弄……"

"哎呀,我妈火气这么大了,要行动了要行动了……"

当孩子对时间的把握完全依据家长的情绪来判断,孩子就失去了自主把握时间的意识和主动性。所以每天家里鸡飞狗跳的,孩子还在磨磨蹭蹭!怎样才能让孩子的学习更有效率呢?

答案是:提升孩子的时间感知能力。

时间,无形无相无色无味,看不见摸不着,而人们对时间的感知也会随着内心状态的不同而发生变化。

在松懈状态下:我们完全感知不到它的存在。比如你今天休息,你会觉得一眨眼就到晚上了,还什么都没干呢!这就是因为人松懈时,对时间无感。

在适度焦虑的状态下:我们会对时间有一个清晰的感知,我们能感觉到时间正在流逝,所以我们更有动力,会抓紧时间做事。

在过度焦虑的状态下:我们会对时间的变化过于敏感,总觉得没时间了,所以做事就特别容易急躁或者索性没动力了,因为反正怎么也赶不上进度。

因此,想让孩子学习的时候抓紧时间,我们就需要完成两件事:

第一,让孩子对客观时间越来越有感觉;
第二,让孩子在学习的时候能有适度的焦虑感。

怎样让孩子对客观时间越来越有感觉呢?

第一步:每天写作业时,让孩子加上一个小小的动作,就是在每门功课的作业本上写下开始写作业的时间,然后再记录上结束的时间。就这样一个小动作就足够。中间孩子喝水、上厕所,或者是有些小动作,只要不是过分地发呆走神,作为家长,我们都按兵不动,不要干预。

这样连续记录一周。

成功的秘诀是家长要稳住自己的心态:在孩子磨蹭的时候不发火,在孩子睡得晚的时候不着急。

第二步：周末，家长和孩子一起把每门功课平均花了多少时间计算一下，语文每天用了多少分钟，把这些分钟数加起来，然后再除以天数。公式如下：

（周一＋周二＋周三＋周四＋周五）÷5＝每天平均的分钟数

得出来的数字，大大地写在一张纸上，贴在孩子的书桌前。这就是孩子下个星期要超越的、符合于自己实际水平的目标。

这样每周记录，将会使孩子一天天对客观时间越来越有感觉。

那怎么让孩子产生适度的焦虑，提高写作业的速度呢？

当你和孩子已经把第一周孩子每门功课所需的平均时间贴在书桌上了，这个平均时间就变成了孩子本周的目标。目标是让孩子体会适度焦虑的最好方式，它会引导孩子不知不觉提高动力。具体操作如下：

第一步，开始学习的时候，让孩子认真看看自己的目标，家长可以说："宝贝，今天你写语文作业只要比这个时间短，就说明咱们进步了，你就成功地超越了上周的自己。数学也一样。加油！"

接着，在孩子写作业的时候，你还是和第一周一样只提醒孩子记录开始时间和结束时间，其他一律不干涉。

第二步，写完作业以后，你需要做的事情是，让孩子评价一下自己。如果他成功了，我们就和他击掌庆祝；如果他失败了，我们也仅仅表示遗憾。

之后的每一周，你都这样重复。几周后，你会惊喜地发现，孩子每一周的作业平均时间都在缩短，孩子的学习主动性也因此而提高了。

所以，我们一定要记得，让孩子自己有意识地管理自己才是重点。

我们更加要明白，教孩子不能急于求成，慢慢来才能让孩子真正改变和成长。

为了让你更有行动力，我还要再次强调一下这样操作的好处，因为很多家长都已经尝到了甜头：

第一个好处是，这个做法会让孩子对自己的速度越来越了解。

第二个好处是，孩子会从记录的数字当中发现自己的速度在变快，自己每天都可以进步。这比表扬孩子更管用。

第三个好处是，孩子的学习心态将会越来越平和，不急不躁，并且浪费时间的情况将会越来越少。

只要家长有耐心，持续做一个月左右，孩子写作业的速度就会大大提高。与其十年八年发脾气，不如用一个月的时间帮孩子把问题解决了，这才是明智的。我们下一节一起来提高孩子写作业的质量，让孩子不但写得快，而且写得好。

8. 如何提高孩子的作业质量？

我常常屈服于自怜自哀。

"我只配这种处境？"

我想一定是。

否则我压根不会在此地。

——伊丽莎白·毕肖普

我们一起来看几份作业：

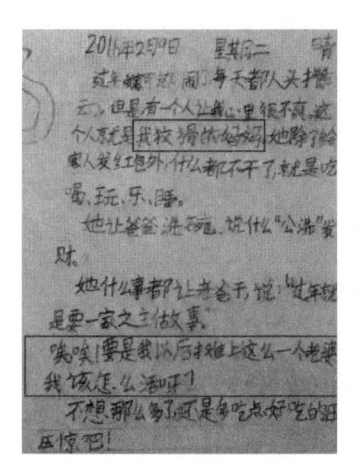

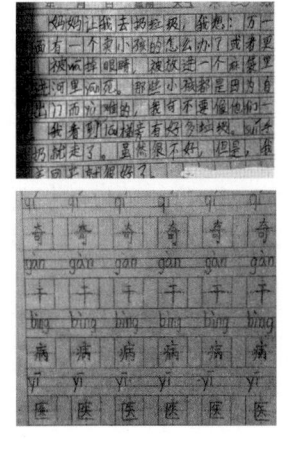

经常有家长抱怨，让孩子好好写作业怎么这么难！关键是什么叫写好作业呢？我们仔细观察上面的四份作业，你认为哪一份是好好写的呢？答案是：这几份作业都是好好写的，只不过孩子和孩子的基础不一样，所以呈现出来的结果不同而已。

设想一下，如果我们要求右上方的这份作业的小主人，作业一定要写成右下方的这个模样，是否有可能呢？如果家长强行让孩子改变写作思路，并且字迹要求工工整整，会有什么样的结果呢？

其实"好好写作业"这几个字是非常主观的。让我们仔细听一下家长们是怎么描述"好好写作业"的。

有的家长说：孩子写作业的时候坐得端端正正，这叫作好好写作业。有的家长说：孩子把字都写得整整齐齐，这叫作好好写作业。有的家长说：孩子写作业又专心又速度快，这叫作好好写作业。有的家长说：孩子写作业时完全没有小动作就叫好好写作业……所以家长对自己想要什么没有搞清楚的时候，语言表达非常模糊笼统的时候，就会把孩子弄得无所适从。

有一位妈妈就是这样，他们家孩子写作业坐歪了，妈妈就会提醒：坐直。孩子头一低，妈妈就提醒：抬头。字一乱，妈妈就提醒：写整齐。孩子为了写整齐一用力，身体又坐歪了，妈妈又提醒：坐直……最后搞得孩子都不知道顾哪头了。结果从头到尾就是一会儿坐不直了，一会儿写错了，一会儿写乱了，一会儿低头了，就这样折腾来折腾去，折腾得孩子开始闹起情绪了，妈妈又责怪孩子一句都批评不得！其实这完全不怪孩子，是咱们父母一直搞不清楚自己到底要干吗。

在这一节里我们就盯准孩子的写字质量这一项，进行提高和训练。所以我们每位爸爸妈妈都记清楚自己现在的目标，其他的不良表现我们就先放一放，只有这样你才不会成为孩子最大的干扰！

孩子字写得好，这个好要有一个标准。而且这个标准要以孩子自身为参照。而且我们还要知道，一个孩子把作业写整齐需要几个先决条件。

第一个先决条件是：孩子的手眼协调性和手部的精细动作要发展得好。这一点孩子和孩子之间差距非常大。比如让一群孩子比赛穿针，你就会发现速度差距特别大，有的孩子可能一分钟穿了三四十根针，有的孩子可能连三四根针都完不成。你给那个只能穿三四根针的孩子一座金山，他也做不到一分钟穿三四十根针，为什么？因为他手部精细动作没有发展到那个程度。

第二个先决条件是：手臂及手腕的力量。有很多孩子在家很少做家务，所以手臂及手腕的力量非常弱，尤其是持久力不够。因此孩子在写字的时候，写不了几个手就开始发酸发软，于是字就越写越乱。

第三个先决条件是：专注力。这一点在前面专注力的章节中已经讲得很详细了，在此就不再赘述。

孩子做功课时，我们都希望他能一次性把字写得整整齐齐，但是这样的过分要求只会让孩子对写作业这件事情越来越反感，所以我们要把标准看清，标准是以他自己的作业为参考，不断地让孩子进行自我超越。至于我们看着乱、看着不舒服，那是我们需要自我调整的部分，不能因为大人的情绪化而干扰孩子的学习。

我给大家一个非常好用的工具，这个工具叫作"作业标准尺"，制作方法如下：

第一，在周末让孩子把某一门功课一周以内的所有作业全部摊开，家长和孩子选出一份相对而言最拔尖的作业，然后将其复印，写上日期，贴在学习桌前方。这份作业就是"作业标准尺"。

第二，之后两周之内每天开始写作业时，孩子先安静地观察"作业标准尺"一分钟，然后心里默念自己的目标是超越作业标准尺。

第三，写完作业后，与作业标准尺对照一下，让孩子自我总结作业完成情况。

第四，每隔一两周，重复第一步再评选出一个新的"作业标准尺"。

这当中有一些细节很重要，就是我们不要要求孩子一次性把所有的字都写得跟标准尺一样，这样孩子很容易累，也很容易放弃。今天一半作业实现了超越，明天一半多的作业实现了超越，哪怕中间有时是退步的，也不需要批评孩子，还是让孩子自我评价就足够。只有我们耐心，孩子的学习动力才能越来越旺盛。

在孩子达标的情况下，我们就给孩子一个大大的拥抱，或者一个大大的亲吻。孩子就会越来越清晰地知道：我是能够为自己的作业做主的，而且我也看到我的作业正在进步。他的自信心自然而然就会增加。这样重复几周之后，孩子慢慢地建立了自我要求、自我管理的意识，他相信自己是可以每天进步一点点的。这样孩子的学习态度会越来越认真，学习的效果也会越来越好。

9. 如何让孩子学习更投入?

> 学生之间的差别,在很大程度上最有可能取决于他们能多敏锐地察觉自己所犯的错误,这需要他们聚精会神。良性循环是:你的技能越娴熟,创建心理表征就越好。而心理表征越好,就越能有效地练习,以磨练技能。
>
> ——埃里克森

家长和老师对孩子所有负面行为,困扰最大的往往是孩子学习状态心浮气躁。但是你知道吗?其实对于孩子而言,"无法静下心来"也恰恰是对孩子学习自信心打击最大、引发挫败感最强的一件事。我们在这个章节重点看看怎么样才能让孩子在学习的时候沉下心来,更专心。

首先我们要了解,专注力的特点是,一个人刚开始注意一件事的时候,他注意力比较集中,后面就会逐渐衰退。而一个七岁到十二岁的孩子,正常应该能够一次专注于作业二十到二十五分钟,之后他注意力就会越来越涣散,这是正常表现,和学习态度无关。不过,如果孩子这时遇到了一些有利因素,可能专注的时间就会更长;如果遇到了一些不利的因素,孩子专注的时间就会更短。有利因素是什么呢?

比如:家长是个特别安静并且专注的人,这就是一个非常有利的因素。有一位妈妈她就是这样,从孩子幼儿园开始,她就安静地陪孩子玩玩具、画画,到孩子上小学了,她就安静地陪孩子学习,每次孩子做自己的事,妈妈也专注地看书学习或者忙其他,她非常安静,情绪平稳,不急不躁。人与人之间是有磁场的，所以，孩子就在这样安静专注的氛围中，越来越静下心来。

让孩子容易安静的有利因素还包括：大人非常有耐心，说话沉稳。父母的糟糕情绪会消耗孩子大量的注意力和能量。拉回孩子注意力的做法：轻声呼唤名字，孩子过于注意力不集中的时候，一手扶肩让孩子专注十分钟，轻轻拿走孩子手里的东西，或者给孩子一个认真的眼神。

而真正让孩子能够静下心来的必要条件是"四定"，哪四定呢？分别是：定点、定时、定节奏、定情绪。

我们反过来说，先说定情绪。

心理学的概念心锚在前面的章节里已经提到，负面心锚会持续影响孩子的情绪，让孩子心烦意乱，难以平静。比如一位妈妈，孩子一写作业她就生气；妈妈一训孩子，孩子也立刻变得很烦躁。于是他们每天重复这个状态，多次重复之下妈妈给孩子种下了一个负面心锚！

所以负面心锚产生有一个公式：

负面情绪＋重复＝负面心锚

负面心锚容易种，不容易解除。要想解除负面心锚，需要大量的正面情绪和正面互动才可以，我们可以反思一下，自己经常给孩子重复什么情绪呢？

易经当中有一句话说：乾卦变以显智，坤卦定以显能。从教育的角度来理解这句话就是：一位父亲要懂得变通，做事圆融，才有智慧；一位母亲要心境沉稳、安定，才能显示出自己的能力。一位脾气暴躁的父亲，就如同狂风暴雨的坏天气，如果一天是这样，还能忍受，如果天天是这样，孩子的世界都是灰暗的。一位脾气暴躁的母亲，就如同天天地震的重灾区，如果偶尔小震一下，孩子还能承受，如果动不动就大地震，孩子的世界都是动荡不安的。所以父亲的智慧和母亲的能力，都要先突出一个"定"字才可以，尤其是母亲。

所以，要想有效地帮孩子提升学习能力，我们首先要有能力稳定自己的情绪能量，如果能做到这一点对孩子是有帮助的，如果没有这个能力，我们最好先离开一下，以免形成障碍。

我曾经给大家讲过我的一位西安的学员，因为儿子在他的坏脾气下学习动力已经非常低下了，甚至已经严重厌学，按照正常的发展，孩子很难进入初中。为了帮助儿子改变，这位母亲每每忍不住要对孩子发火时，就去阳台调整自己。因为自己原生家庭的缘故，她来自童年的负能量非常多，她明白要停止这样的原生家庭的影响就要改变自己。在还没有完全疗愈自己童年阴影的情况下，她都是用觉知情绪、暂时性地控制情绪或者是消融情绪来应对自己之前的本能反应。有一次她愤怒极了，为了暂时压住自己的情绪不伤害孩子，她咬紧牙关，嘴巴都被咬破了。但是即便这样，她也没有把愤怒肆意地发泄在孩子的身上。后来我帮助她进行了系统的自我疗愈，她的心平和下来了，每天可以和孩子情绪愉悦地互动了，原则也坚持得越来越好了。当母亲改变了，孩子也一天一天改变了，五年级到六年级，孩子犹如脱胎换骨，终于顺利地进入了初中。

你的情绪稳定了，才有能力帮助孩子，这是"定情绪"，我们再来说"定节奏"。

你回想一下，你做什么样的事情最轻松？熟练的事最轻松，对吗？如同完成一支舞一样，当你对舞蹈动作非常熟练，随着音乐一个动作接什么动作你都无需思考就能本能地完成，这种情况下你会感觉轻松甚至很享受。学习也是这样的，当孩子学习的流程是相对固定的，在刚开始没有形成习惯时可能暂时会感觉别扭，但是随着时间的推移，一周两周三周，他逐渐会轻松起来，因为流程他已经熟练了。我们在前面的课程里讲过，虽然要让孩子养成十个学习好习惯，但是我们只需要按照顺序，逐一添加逐一养成即可，让孩子把这些动作逐步固定下来，他学习就会越来越容易进入状态。

定时，就是固定的时间，身体和大脑的运转都是有生物钟的，所谓生物钟是我们人体内的一种无形的"时钟"，实际上是我们按照一定规律活动，从而产生的内在节律性，由人体内的时间结构顺序所决定。当我们把时间固定下来，孩子就很容易在生物钟的节律性促使下启动自己的大脑，很容易安静、投入地做事。

定点，是指孩子学习一定要有固定的位置，因为固定的桌子、固定的椅子、固定的环境，更容易产生良性的条件反射。

执行和操作的时候，具体怎样做呢？

1.定时，这个定，是孩子自己的决定，根据我们前面延迟满足的原理，孩子需要写完作业才能做其他事，这个顺序家长是可以监督的，但孩子开始写作业的时间却要让孩子自己确定。定下来以后，谁都不能临时修改，包括孩子自己。

2.定点，给孩子安排好学习的位置就行。

3.定节奏，怎么定？按照前面章节中描述的十个好习惯的顺序，每天持之以恒地让孩子逐一养成，直至成为一个完整的流程，这个流程就好比是一首曲子的节奏，能让孩子的学习每天轻松进行。

4.定情绪，就是你在陪孩子学习之前，告诉自己：我是母亲，我是来帮孩子的；生气没有任何意义，只会给孩子种下负面心锚；如果孩子学不会，我会立刻换一个方法来教他。

10. 如何让孩子学会规划学习精力？

习惯是一种多么顽强的力量啊！它可以主宰人的一生。
因此，从小就应该建立一种好习惯，
通过教育，通过陶冶，
直至我们终身受益。

——威廉·詹姆斯

你在生活中有没有见过这样的一些孩子，他们无论做什么事都没精神。玩手机，趴着玩；看电视，葛优躺。每天也没做什么却天天喊累，萎靡不振，脸上很少有笑容，总是感觉一切都很无聊……这类孩子，其实就是精力缺乏的孩子，他们总像一块缺电的电池一样无精打采。

有一位预约了我咨询的母亲，据她描述她的孩子天天睡不醒，尤其是到了学习时间，一写作业就犯困，所以学习效率特别低。孩子平时什么运动都不参与，总是懒洋洋的。如何提升孩子的学习精力呢？

所谓精力，我们又可以把它称为心力。如果把心力比喻成一块电池，那这块电池的大小是因人而异的。有的人电池的蓄电量大，有的蓄电量小。所以，我们要想提升孩子的精力，就需要从两方面入手：第一，要把电池的容量加大，把电量充满；第二，我们要合理地分配电量！

给孩子充满电量，最有效的方式有两种：

第一种方式是大笑。

每天有机会和孩子开怀大笑，孩子的内在立刻电量十足！早在二十世纪中叶美国心理医生就发现，当人大笑时，心血管系统加强运行，胸肌伸展，胸廓扩张，肺活量增大。而且开怀大笑的程度越深，大脑受到的良性刺激就越多，与此同时大脑会开始分泌一种叫苯磷二酚的激素，这种激素会让人做事专心，更有动力！就好像充满电了一样。

所以，如果孩子经常没精神，咱们就需要问问自己，孩子每天和我们在一起有没有开怀大笑的时候呢？都没给孩子充过电，孩子怎么有电量呢？

第二种方式是运动。

孩子胆小、孤僻，遇到难题容易退缩，或者干什么都犹犹豫豫，这都是孩子缺少能量的表现。胆小的话建议常常游泳，或者滑冰。孤僻的话，就建议踢足球，打篮球。经常犹豫不决，就打打乒乓球或者打网球。

心理学家塞利格曼发现，很多人做事没有动力，甚至有抑郁或者焦虑的状态，只要每天坚持半小时的运动，半个月之内就有改善！有一位爸爸听我这样说，他本来非常忙，但是现在每天晚上坚持抽出半小时和孩子下楼运动，用他的话说：上个厕所，有时候还半个小时呢，我陪娃，有啥做不到的？还能减肥，挺好！

孩子电量足了，写作业的时候精力如何合理地分配？

第一步：激活精力。让孩子在学习之前先原地运动五分钟，比如原地纵跳，或者原地跳绳都可以。

第二步：规划精力。孩子每天写作业之前，先拿出记录家庭作业的小本子，看看老师都布置了哪些作业，然后用红、黄、绿三种颜色的笔进行勾画，最费脑力的用红色打钩，比如背单词、背课文，或者写数学题，这些需要在精力最旺盛的时候完成。然后用黄色的笔，勾画出来第二费精力的，比如，写作文、写英语句子等。第三步用绿色的笔勾出来最轻松重复性的作业，比如抄写单词或者是抄写生字等。

第三步：复盘。在学习结束之后大人可以和孩子简单聊聊，今天他的规划是否有效，是否需要改善。

每天都这样重复，孩子渐渐就能学会规划自己的学习。

11. 如何让孩子主动提高作业正确率？

> 我喜欢你是寂静的，仿佛你消失了一样，你从远处聆听我，如同一个吻，封缄了你的嘴。
>
> ——聂鲁达

检查作业对孩子的学习意义重大，这个程序不仅仅能提高孩子当日作业的正确率，最主要的是可以加强孩子对学习的责任心，并且能及时查漏补缺。如果把学习结果比喻成一个装满了水的水桶，每日的检查作业就是在及时发现水桶上的细小孔洞，只有随时补上漏洞才能确保水桶的蓄水性能，液面才能越来越高。

但是要想实现这一点，就要让孩子学会主动自发地检查作业，并且养成习惯。假如家长每天帮孩子检查，或者是强硬地逼迫孩子检查作业，都不能实现以上目的。

有一位家长在找我做咨询的时候，说孩子最大的问题就是没有学习责任心，从不检查作业，多一点点的学习任务都不想完成。这导致孩子的学习成绩从一年级的九十多分，到现在四五年级六七十分，孩子依然我行我素，不以为然。每当她让孩子检查改错，孩子就和她扯皮，最后不得已每次都是她帮孩子做这件事。久而久之，孩子在考试中常常吃亏。怎样让孩子学会检查作业，提高孩子的学习责任感呢？

首先我们要知道写完作业后，再整体检查作业的方法是不太科学的。检查作业的确是一个非常重要的程序，如果要求他整体进行检查，这就如同把作业再做一遍,尤其是数学更是如此。孩子学习了一天,加上刚刚完成作业,此时已经非常累了,怎么可能愿意检查作业呢?再说在考试中如果用这样的方法检查时间也是不够的,越是高年级,考试的题量越大,越不可能有时间整体进行检查。

那么更好的检查方法是什么呢?首先我们要考虑到人的心理特点和记忆特点,我们来了解一个心理学概念"遗忘曲线"。这是德国心理学家艾宾浩斯研究发现的,他发现人类的大脑对信息有一个遗忘规律。比如正在接收信息的时候,100%的信息都记得,20分钟后就只记得58.2%了,一个小时后就只记得44.2%,一天后就只记得30%左右了。一般情况下,孩子写作业大概需要一个小时,写完作业以后一多半的信息都不记得了,此时检查自然是费时又费力。

因此检查作业的最佳时机是孩子做题的当下,孩子刚做完一道题不管是语文还是数学,他对于题目当中的信息都记忆得很清晰,如果此时就回头审视一下,这样就完成检查了,写完作业以后就不用再费力了,这种检查方法叫作"一步一查"。

我们来看执行的步骤,对于普通的练习题、计算题、基础知识的题目都可以按照以下两步来做:

第一步:刚开始养成这个习惯的时候,家长需要让孩子学会一个动作,就是每写完一道题,就立刻回观和审视一下,确定没任何问题,就用铅笔轻轻地打一个钩,接着做下一道题。这样检查作业就轻轻松松在写作业的过程中同步完成了。

有的家长可能会说,孩子都不爱写作业,怎么可能愿意这样做?所以,我在之前强调过,学习习惯要一个一个来养成,先从前面比较容易做到的习惯开始,然后逐步增加。像是主动检查作业属于比较高阶的学习习惯,孩子要把基础的学习习惯养成后再培养这个习惯就很轻松。所以我们对待孩子一定要耐心。

第二步:如果孩子写完作业拿来给父母签字的时候,父母发现还有错题,那么父母只需要给孩子指出一个大致范围,比如告诉孩子在哪一页有一道错题，这样就可以了。而不是具体告诉孩子是哪一道题出错了。之后有一个关键性的动作，就是给孩子计时，看看他需要多少时间才能把这道错题找出来。

这是要让孩子看清一个事实：写完作业再检查会更费时费力。我们给孩子讲再多道理，他不一定能听进去，但是简单地记录时间，几次之后孩子就会发现，他在写作业的时候，如果用心回头一检查，只需要几秒钟，而现在要找出一道错题却需要十几分钟，甚至更长时间。这样重复几次，孩子自然就会更认真地执行一步一查。

有些作业则不适合"一步一查"。比如阅读理解和作文这样的内容，因为孩子刚写完这些作业，还在刚才的思维里，所以即便有问题也是很难发现的。这样的作业就需要所有作业写完之后再读一遍。这样做的好处是，孩子经过一段时间思维放空了，重新来审视，就很容易有新的想法和思路，也更容易找出自己刚才的错误，这样才能更好地补充。并且间隔一段时间，作文中的错别字也更容易被孩子发现。

这一节我们重点讲了如何训练孩子检查作业的能力。最重要的还是那句话，这个做法我们要耐心地给孩子把前面的习惯都养成后再培养，并且需要重复至少三十次。

12. 改变孩子学习状态的"能量咒语"

> 脆弱的人会四处诉说自己的不幸，
> 强大的人会不动声色地愈渐强大。
>
> ——佚名

你希望你的孩子在面对错题或难题的时候，是不屈不挠，坚决学会为止，还是都不肯尝试一下？我相信一百个父母一百个都会选前者。

几年前，有一位女士来做心理咨询。当时她告诉我，自己是玻璃心，非常脆弱，非常容易受伤，稍微一点点的打击都受不了，做事情也总是优柔寡断的，只要有一点点失败的可能，她是绝对不可能去做的。为此她非常困扰。

她的这种心理状态让她失去了很多事业上发展的机会，现在她是公司的一个小职员，但即便如此，她每天在面对一些很简单的工作时，还是会感觉到非常焦虑，总怕别人会认为她能力不行，总担心别人对她有看法。

为了解决她的焦虑，我们当时就用心理学的方法进行了探索。她发现，原来她的内心充满了这样一些声音，这些声音在持续不断给她制造无形的压力：

我要是做不好人家怎么看我？

万一做不好太丢人了，算了算了。

人家会不会觉得我这个人太自私了？

我这人太笨了，我怎么刚刚那么做事？

我刚刚怎么那么说话？让人家怎么想？

我这个人太没水平了，这下完蛋了。

……

这些负面声音充满了她的头脑，让她时时刻刻都感到焦虑不安。

其实我们每个人的内在都会有这样一些好的声音或不好的声音，那么这些声音从哪里来的？为何会给我们带来如此大的影响？

这些声音是来自于我们童年时，我们的爸爸妈妈曾经多次说过的那些话，在天长日久的重复中，这些话一点一滴融入了我们的思想和记忆深处。它就如同一个自动播放机一样，只要你一遇到那样的情境，它就会自动启动，开始播放了。

我们每个人都会遇到一些挫折，遇到挫折时，有些声音或许激励你，有些声音或许阻碍你。

一个孩子遇到最多的挫折就是关于学习的。比如，今天遇到了一道难题不会，这是最常见的小挫折了，会从内在进行自我激励的孩子，会表现出更多的毅力，会坚持寻找这道难题的答案。而内在只会自我打压的孩子，他就会表现出更多的退缩，不愿意进行任何尝试，因为害怕失败，认为面对所有挑战都是一件麻烦事。

前面那位女士，她从小就习惯了自我打压，所以她的事业发展才处处是困境，处处是障碍，即便她一身才华也发挥不出来。

什么样的孩子才会自我激励？这是孩子学习动力的关键所在。

我们要了解孩子的学习根本不是从上小学才开始的，孩子一来到人世间就已经开始学习了，我们说过的每句话，对他的每一个态度，决定了孩子是学会自我激励，还是学会自我打压。

当我们每天给他鼓励和支持，并且允许他犯错，耐心地陪他练习和提高，那么在他成长的过程中，他就学会了你鼓励他的方式和语言。这些语言会在他一生当中，在他潜意识深处不断播放，来鼓励他，让他越来越自信，成长得越来越好。

但是，如果情况是相反的，我们没有耐心，不允许他犯错；孩子只要做得不好，我们就生气，就发火，我们烦躁、不开心，说很多挑剔他、否定他、指责他的话，孩子慢慢就对自己失去耐心了。这些糟糕的声音也会在日后不断地播放，成为他人生的背景音乐。

所以，他面对一道难题的时候，可能会很快放弃，根本没有任何耐心去琢磨一下或研究一下，可能脱口而出就说自己不会。

这样的内在声音也会代代相传！

比如你曾经受到父母非常多的肯定和认可，现在要你对孩子说一些鼓励和支持的话就会轻而易举。反之，你很少在自己的父母那里得到鼓励和欣赏，现在即便你非常想赞赏自己的孩子，也是挖空心思都很难说出几句能打动孩子、有能量的话。

正因为如此，我给父母写了十五句话，如果你不会说有能量的话，也不擅长说鼓励和欣赏的话，就把我为你写的这些背下来，然后多多地说给孩子听，让他从小就从你这里得到这笔有能量的财富。

这些话可能你小的时候听得非常少，甚至于可能你没有机会听到，但是你的孩子是幸运的，因为他遇到了你来做他的爸爸或妈妈。

十五句能量语言（可以扫描二维码，听我的语音示范）：

1. 孩子你可以自己做，我们一起来耐心等结果。
2. 宝贝你很善于思考，你考虑得很周到，你是怎么想到的？
3. 这个想法太有创意了，能给我再说一遍吗？
4. 今天你竟然用了（　）的时间把这道题研究会了，你这么有耐心和毅力，孩子你将来会成为了不起的人。
5. 这真是个挑战，你竟然完成了，祝贺你宝贝。

6. 虽然这道难题你暂时还没有解决,但是妈妈看到了你有多么努力。

7. 你的想法也太厉害了,你是怎么发现这样的做法的?

8. 孩子,你失败了几次了?你竟然还在努力不懈,我太佩服你了。

9. 你是怎么知道这么多的?你的知识面越来越广了,你是怎么懂得这些的?从哪里学会的?

10. 宝贝,你遇到个难题,你对难题竟然坚决不放过,我真佩服你。

11. 孩子,你怎么这么爱动脑筋?爸爸妈妈小的时候如果有你一半的思考能力,现在肯定会特别不同。

12. 孩子,你太有耐心了。妈妈承认,我刚才都有些着急了,如果我有你的这种耐心,相信可以做好任何的事情,我要向你学习。

13. 孩子,你的办法太好了,你是怎么想到的?你的考虑可真周全。

14. 你琢磨了好几种解决方式,终于找到了一种行得通的方法,你太能干了。

15. 孩子,显然你的坚持比妈妈更强,我差点就放弃了,还是你厉害。

当你把这些话都说得很熟练了,就会发现,你越来越容易、越来越会给孩子鼓劲加油了。我们才是孩子学习动力最好的教练,如果我们都不会说这样充满能量的语言,又怎么能够指望孩子每天动力满满呢?

下面的这些"能力咒语"是要让孩子学会说的,为什么有的孩子特别有动力,就是因为他们都会给自己说一些启动能量的正面语言,这些正面语言如同"咒语"一样,能立刻启动孩子的内在能量。可惜的是,大部分孩子对这些"咒语"一无所知,所以在关键时刻都说不出来。我把这些"能量咒语"整理出来,家长们可以教给孩子。

1. 我不需要想太多,再多做一遍就行。

2. 我太会思考了,这个想法我怎么想到的?我佩服我自己!

3. 这个想法太有意思了，我要给好朋友再说一遍！
4. 我竟然用一个小时研究会了这道难题，我太了不起了！
5. 这真是个挑战，我竟然完成了，我要奖励一下我自己！
6. 虽然这个难题我暂时还没有解决，但我会继续努力。
7. 失败几次了？没事，再来一次，谁怕谁！
8. 我天生倔脾气，你这道题遇到我，怎么可能放过你？
9. 我的耐心还多呢，不着急，我肯定能把你学会！
10. 这么好的办法我都能想到？厉害，厉害！

这几句"能量咒语"多多带孩子练习和背诵，也可以打印出来贴在孩子的书桌前面，每当孩子学习遇到了困难，就立刻把其中某一句念三遍，你会发现孩子慢慢就学会了激励自己。

第三节　孩子核心能力之时间感知力

1. 孩子磨蹭拖拉怎么办？

> 环境改变的程度越高，
> 则人格改变的程度也越高。
>
> ——华生

很多家长都和我聊过孩子的这个问题：拖拉、磨蹭！说起孩子慢吞吞、疲疲沓沓做事的样子，家长们常常气得暴跳如雷！即便很多事情是孩子的事，但他完全不慌不忙，于是就变成了皇帝不急太监急！每当这个时候，我都会说：你越急，孩子越拖拉！

孩子拖拉的最关键成因就是：我们做家长的"大事常拖延，小事等不得"！

父母们都厌烦孩子拖拉，但我们大人拖拉起来一点都不含糊。面对很多问题，我们常会有幻想，感觉等一等、拖一拖，问题是不是就自然会消失？但是当时间过去，孩子长大，问题没有消失的时候，我们又开始想：哎，如果当初在孩子小时候就给孩子把习惯培养好……如果当初孩子小时候多多鼓励他……也不至于到现在这么费劲！要知道，世界上有一种最苦涩的水果就叫"当初如果"，而父母种下的"当初如果"更是苦涩。

"大事常拖延"的意思是说，我们在面对孩子的教育问题时行动不够及时、不够坚定。比如，六岁前是培养孩子各种好习惯的重要时机，可是有多少家长都认为很多习惯孩子大一些自然就会了，于是为了省心，帮孩子做了很多。再比如，养成一个好习惯需要坚持一段时间，但是我们三天打鱼两天晒网，稍不如意就抱怨孩子不省心。

"小事等不得"的意思是说，我们在面对孩子时太缺少耐心，经常盯着孩子做事的过程、做事的时间、做事的细节，一点都等不得，不停地催。催促如果不行，干脆自己上手替孩子做。天天如此，就算是烦透了这样的情景，也懒得动脑子和改变。

有一位妈妈就说出了众多父母的心声，她说："我给他教十遍他也学不会，我还不够累的，不如我两下子给他弄好了，这多简单，还省时间。"所以每天我们看着孩子"故伎重演"，我们也继续"老生常谈"……岂不知，在我们没有耐心等、不停地催的时候，孩子很自然地把这件事的责任交到了家长的手上。

什么是大事？

"孩子自己的事自己做"是大事，"孩子建立好习惯"是大事，"孩子能够承担责任"是大事。有方法、有步骤地帮孩子养成这些习惯就是大事！我们虽然知道，可是愿意现在就开始行动吗？面对这些大事，如果你一拖再拖，总想等孩子长大一些，或者你再多提醒几次，自然就能好。时间证明，这样的拖延只能制造出更多的烦恼让你无从应对！所以，我们需要反过来做，那就是：小事等一等，大事稳进行！

先把心静一静，把眼光放长远一点，主动思考和寻找比"发火"和"催促""包办"更有效的方法。下面给大家一些策略。

【定目标法】

让孩子自己做自己的事，虽然慢点，但如果我们能给自己定一个目标，耐心地等待孩子十次、二十次，再回头看看孩子是否有了长进；孩子每做一次鼓励一次，给自己定下目标，鼓励孩子二十次、三十次，再回头看看取得了什么成果。你一定会惊喜地发现，长远来看，孩子的信心和解决问题的能力都在提高和增长，你完成了一部分的大事！

【时间暂缓法】

有的父母是急性子，面对孩子的事情，孩子还没反应过来，父母就已经等不及边催促边上手了。这就会逐步造成孩子习惯性依赖大人的状态。时间暂缓法是指，父母给自己定下一个时间缓冲点，遇到上述情况，到了自己定下的时间之后再做出反应。

第一步：父母先把自己最容易着急、催促和提醒孩子的事在心里或者纸面上罗列出来。比如孩子穿衣，戴帽，背书包，戴红领巾，换鞋等。

第二步：约定，遇到自己最容易着急的事，先等待六十秒再开口。我的很多家长学员在实践过这个方法以后，开心地对我说，需要提醒孩子的很多事，在等待的时间里孩子已经主动开始做了，需要提醒的事大幅度减少了。

第三步：鼓励。当孩子主动开始做事，家长应给孩子鼓励和正面反馈。孩子会感觉受到了家长的正面关注，好行为会变得更多。你看，从长远来看，耐心的等待让孩子获得了责任心和自理能力，你就完成了大事！

【情绪稳定法】

当孩子把一件事做得又慢又糟糕，你气得急火攻心的时候，可以使用情绪稳定法。想发火时先做两个步骤，之后还有火气再说。

第一步：在心里默数颜色，从孩子的头顶开始一直数到孩子的双脚，孩子身上的每一种颜色都不要放过，全部都要数到。

第二步：数完之后，问自己一个问题，"现在自己的教育目的是什么？"有没有答案都不要紧。

你会发现这样的两步走下来你的情绪已经稳定下来了。我们把要喷出来的怒火用自己的方式负责任地平复下去，这才是一个教育者应该有的姿态。情绪平稳后，我们让孩子继续做。长远来看，在我们这样的处理之下，孩子做事的能力会大大提高，同时这种态度也让孩子知道了不管事情做得怎样都是值得尊重的。我们就完成了大事！

【技能教授法】

有的事情孩子真的不会做，就需要我们耐心地一遍一遍用心示范，一遍一遍用心教，教的过程中我们不急不躁，孩子终于学会了，你就给孩子大大的拥抱和热烈的掌声。长远来看，你让孩子获得了做事的坚持度，你就完成了大事！

在你真正付出这样的行动时，事情就开始变得不同。"小事等一等，大事稳进行"的状态会让一切变得越来越顺利。

最关键的是，当这样做的时候，我们才是自律的父母！所谓"自律"就是自愿放弃一些自由：放弃乱发脾气的自由，放弃懒惰不愿行动的自由……当你自律时，孩子才会真正自律！

2. 什么是时间感知力?

有时,我们的行动是问题,

而不是答案。

——约翰·勒卡雷

要想解决孩子做事慢的问题,我们首先要了解一个概念:"时间感"。什么叫时间感?它就是一个人对时间的感知力!

每个人的世界都有两个时间:一个是客观时间,比如我们生活在中国,我们的客观时间就是北京时间;还有一个时间是主观时间,就是我们自己内在对时间的把握,我们也可以理解为生物钟。

当一个人的时间感知力非常好的时候,他的主观时间和客观时间比较匹配和一致,他对时间的把握就比较准确。时间感知能力很强的人做事有条不紊、不紧不慢、张弛有度。但是时间感非常不好的人就会出现两种极端:一种是永远火急火燎,感觉来不及了;一种是慢条斯理,好像时间永远多得用不完。

"时间感知力"在不同人之间差别特别大!有的人甚至已经成年了仍对时间无感。当一个人的时间感知力非常弱或者是错位的,他做事的效率就很容易低下或者是生活状态凌乱。

有一位女士和我唠叨她老公,说他们出一次门就要生一次气,因为每次她着急要出门,她老公就一定要上厕所。上厕所其实也没什么,人有三急嘛,关键是她老公一进厕所就出不来了,没有半个小时别想出门!她一催,她老公还特别不高兴,说:"我才进来五分钟,你就乱嚷嚷啥?"你瞧,这两个人的时间感觉差别有多大，一个人感觉已经半个小时过去了，一个人感觉就是五分钟而已。

有一个孩子也给我诉苦说，他对他的妈妈特别愤怒，他说他妈妈说话不算数，说好的一回家让他先休息十五分钟再写作业，结果他还没开始休息呢，妈妈就已经开始催了。而问到他妈妈，家长也特别生气，说："我们和他说好的休息十五分钟，都休息了那么半天了，他还不去写作业，这孩子就是不想写作业，故意在这儿拖延时间。"其实他们的时间感知力也是相差很大。

时间其实如同流水一样，它一直在流动，如果我们对这个流动的感觉感知得过于清晰，我们就很容易焦虑，总觉得时间不够了，久而久之就把自己变成了一个急性子的人。急性子的人生活中很容易给周遭制造紧张气氛，他自己也会产生很多无谓的烦恼。

但是如果我们对时间流动的感觉感知过于迟钝了，就有可能感觉不到时间的变化。五分钟，十分钟，甚至五小时和十小时，今天和明年，都是没有区别的。所以，前面的那位女士说，她让老公做一件事，十年以后说不定还在拖延，你根本不知道他什么时候才行动，因为他永远都要"等一会儿"，或者"过两天再说"。当一个人对时间流动的状态感觉不到，他是没有行动力的。

流动感过强，我们容易焦虑；流动感太弱，我们就会做事松散，没有一点紧迫感。

下文将会用一系列的方法来训练孩子对时间的感知力。如果你也是一个急性子或者慢性子，可以和孩子一起来调整自己的时间感。

3. 时间感知力测试

勿让未来惊扰你，你终归抵达未来，
若你必将抵达，请保持你现今拥有的理智。
永远去走捷径，自然之路即捷径。

——约瑟夫·布罗茨基

前面我们提到了一个磨蹭的孩子，是因为对时间太无感了。这一节我们来测试一下你和孩子的时间感到底如何。我们一共做三个测试。

第一个测试：时间感测试。

第一步：请你邀请孩子一起做，首先你们分别在心里估计一下一分钟自己大概能呼吸多少次。不要细细地算，而是立刻凭感觉报出数字，把数字写在一张纸上。

第二步：打开手机上的计时器，数一下自己在自然的情况下一分钟的真实呼吸次数。

第三步：看看你和孩子估计数字和真实数字相差多少。

你的预估呼吸次数：_____次/分钟

你的实际呼吸次数：_____次/分钟

孩子的预估呼吸次数：_____次/分钟

孩子的实际呼吸次数：_____次/分钟

和真实数据越接近，说明时间感知能力越好，和真实数据相差越远，说明时间感知能力越差。

第二个测试：计划性测试。

注意：这个测试，孩子超过六岁才可参与。否则他可能因为年幼无法理解，测试出来不一定准确。

第一步：拿出手机计时器，这个测试限时三十秒。

第二步：排序以下事件。下面的五件事，这五种情况在一个下雨天同时发生，请你和孩子在三十秒之内写出做事的先后顺序。

1. 有人敲门；
2. 收晒在外面的被子；
3. 电话响了；
4. 孩子哭了；
5. 关正在流水的水龙头。

你的答案：_____

孩子的答案：_____

这道题测试的是我们对时间的规划能力，如果我们经常对时间统筹安排，看到这道题可能会不慌不忙给出答案。

答案可以是：抱起孩子，拿起电话去关水，然后开门，去收被子。

答案也可以是：先开门，因为下雨了，先让客人进来，同时你也可以去收被子了，所以这"给客人开门"和收晒在外面的被子，两件事等于是同时完成的。开门的同时，可以请客人帮忙看一眼孩子，然后你回来关水龙头。电话是可以主动回过去的，这个最不着急，所以放在最后。

所以这道题就考验我们在时间的安排上，是否会统筹，是否能分清主次和利弊。如果我们没有规划时间的意识，三十秒的时间我们会手忙脚乱，什么问题都解决不了。

第三个测试：拖延症测试。

下面有九道题，如果题中描述的状态基本不会出现就打"1"分，经常出现打"5"分。1到5分之间，你和孩子给自己打多少分？

1. 我特别爱说"等一会儿"，或者"过一会儿再说"。
2. 大部分事情，我都会放一放再行动。
3. 我经常因为没有早早开始做事而后悔。
4. 我在学习或者一些重要的事情上经常拖延，尽管明知道不应该这样。
5. 很多事情我分不清主次，我甚至没有想到要分一下主次。
6. 有时候我太拖延了，甚至自己都开始着急了，但还是不想行动。
7. 总是到了最后，我才发现如果我更合理安排时间，就可以轻松一些。
8. 我很少刻意安排我的时间，即便安排了，我也很少真的按照计划行动。
9. 在本该做这件事的时候，却会去做别的事情。

你的得分：_____分
孩子的得分：_____分

答案：

0—5分：无拖延。你没有拖延的问题，做事比较有效率，你对时间能有序安排，并且执行力非常好，计划的事情都能及时完成。

6—15分：轻微拖延。你做事比较情绪化，大部分情况你做事都比较有效率，但是如果情绪不佳或者状态不好，常常会找借口轻而易举就放下应该完成的事，导致一些原本应该完成的规划不能及时完成。你的拖延虽然有可能让你丢掉了某些机会，但是并没有太妨碍工作和生活。

16—30分：中度拖延。你有拖延的问题，而且大部分情况下你需要反复劝说自己才能及时行动让计划落地。如果遇上状态不佳，就会完全没有行动力，这导致你的很多规划都停留在想法的层面。并且因为拖延的问题导致人际关系差，甚至阻碍了自己的发展。

31—45 分：严重拖延。你的拖延问题比较严重，并且生活没有动力，自己也无法激励自己，因为经常拖延，所以周围人对你做事的效率抱怨很多。反复的拖延也让你自己感觉很无力和无奈，你对自己信心也非常低。你也许已经变成了人们口中的"语言的巨人，行动的矮子"，拖延的问题已经让你失去了很多机会。

4. 训练孩子的时间紧迫感

> 不要成为完美主义者，因为完美主义者经常花太多时间在微小的差异上，而牺牲了其他重要的事情。做一个有效的不完美主义者。
>
> ——凯根

孩子内在的节奏和我们大人的节奏是特别不同的，就好像我们跳舞，我们可能是：嘣嚓嚓、嘣嚓嚓……但是孩子的可能是：嘣，嚓，嚓，嘣，嚓，嚓……当两个人的内在节奏完全不一样的时候，就很容易产生矛盾，没有配合默契的感觉。那么，问题来了，到底谁应该配合谁的节奏呢？谁应该向谁的节奏靠拢呢？答案是：教育者向孩子的节奏靠拢，并耐心地带动孩子向更有效率的方向出发。

孩子的内心节奏慢是特别考验大人耐心的，我们想要提升孩子对时间的感知能力的话，要学习一个训练方法，这个方法可以改变孩子的内在时间节奏，训练孩子对时间的紧迫感，然后让孩子做事更有效率。具体怎么操作呢？

第一步： 通过感官的方式让孩子听见时间或者看见时间。

要想让孩子在做任何事情的时候更加高效，要让孩子掌握这件事的关键词，比如，起床这件事，有几个关键词：线衣、线裤、袜子、上衣、罩裤、鞋子。一起床我们就来玩节奏游戏，先来进行清点，把节奏和顺序念一遍。逗趣儿和幽默的心态很重要，不要死板地执行，会变得很生硬。

第二步： 等节奏定好了，我们就和孩子边念节奏边执行。

比如孩子需要先穿线衣，再穿裤子，再穿袜子，再穿外套，再穿鞋子，我们就可以按照这样的顺序执行穿衣的过程。如果孩子年龄小，你给孩子穿的时候，就每次口中都念念有词，如果孩子大了，他自己穿他就可以一直念念有词：线衣线衣线衣线衣（穿完了），线裤线裤线裤线裤（穿完了），袜子袜子袜子袜子（穿完了），上衣上衣上衣上衣（穿完了），罩裤罩裤罩裤罩裤（穿完了），鞋子鞋子鞋子鞋子（穿完了）。

这样执行有两个最大的好处。

第一个好处是：孩子会按照节奏紧凑地做事，这样天长日久就养成了提高做事效率的意识。

第二个好处是：孩子在执行当前任务的时候，念的就是当前任务的关键词，所以这样他做事的专注程度也会更高。

注意：这个方法只适合执行日常琐事，如果是孩子需要使用脑力的事，比如"写作业"，这个方法是不适合的。

孩子在念念有词的时候就感到了时间的紧迫性，如果是大孩子，还可以逐步加快节奏（线衣线衣，线裤线裤，袜子袜子，上衣上衣，罩裤罩裤，鞋子鞋子）。你会发现你们不由自主就形成了一个比赛的氛围，你追我赶地在轻松幽默的氛围下加快了速度，就这样行云流水进入到下一个环节。

总结一下增加孩子节奏感的三个步骤：

第一步：提炼现在要做的这件事的几个关键词；

第二步：让孩子清楚做事的顺序；

第三步：口中按照紧凑的节奏念念有词。

如果一起练习出门，出门的顺序是：先穿外套，再把拖鞋换了，然后拿书包，再拿钥匙，最后跟妈妈再见，一共是五个环节。把这五个环节用紧凑的节奏感给它念出来：外套外套外套，换鞋换鞋换鞋，书包书包书包，钥匙钥匙钥匙，再见再见再见。就这样开开心心快速完成了。

再比如，吃饭的时候，妈妈把饭做好了，我们要孩子快快地把桌子摆好，我们就可以：端菜端菜端菜，盛饭盛饭盛饭，筷子筷子筷子，凳子凳子凳子……大功告成，然后邀请大人：爸爸妈妈吃饭了！你看家庭氛围多欢乐。

这个游戏是我们通过节奏感来加速孩子的心理时间，每个孩子的时间感知能力不一样，要想让孩子轻松提速，需要我们家长把有效的方法用起来，而不是简单粗暴地催促和呵斥。这个方法非常好用，也非常简单，大人在前期对孩子用游戏的心态来示范，不要有任何的批评和指责，否则就没有效果了。

5. 和孩子制订尤利西斯合约

> 你掉下，我愿陪你掉下。
> 一种是勇敢，不入虎穴，焉得虎子。
> 另一种是笃定，就算掉落又何妨。
>
> ——荣格

很多拖延是因为无法抵御诱惑而导致，不仅孩子如此，大人也同样。大人责备孩子没有自制力，但会找出合理的理由为自己开脱。其实孩子很多时候是愿意自制的，哪怕最终结果是不理想的。很多孩子在和我的交流中都说到很想管住自己，只不过他们就像有些大人一样事到临头又无法克制了，孩子自己也很想知道怎么才能不受到诱惑。

那我们到底应该怎样才能够把自己管控得更好呢？我给大家讲一个故事，也许你能找到答案。

在古代特洛伊战争中有一个将军，叫尤利西斯，在战争中他打了一个大胜仗，返程和他来时的航线是不一样的，要经过一座小岛。据说这个小岛上住着赛莱女妖，这个女妖的歌声特别美妙，以至于谁要经过这个小岛，都会被她的歌声迷惑，迷得晕头转向、失去理智，最后撞到礁石上，船毁人亡。

所以没有人能顺利经过这个小岛，除非你堵住耳朵不听她的歌声。但是尤利西斯是个特别热爱音乐的人，这对他来说是一个巨大的诱惑。他想听，又不想丢掉性命。所以他就给手下的水手下了命令说：把我绑到桅杆上，经过小岛的时候，无论我怎样大声地号叫、大力地挣扎、凶猛地威胁你们，只要没有通

第三章　给孩子实质的帮助　给孩子的人生赋能

过这个小岛,你们都不能把我身上的绳索解开,违令者斩。"

水手们也知道,如果把绳子解开,他们的首领一定会被迷惑,他们也会与此同时没命的,所以他们都同意首领的安排。尤利西斯又让水手们把自己的耳朵都用蜡封起来,这样他们就什么声音都听不见了,也能避免受到诱惑。在这样万般准备之下,尤利西斯和他的战队顺利地通过了小岛。

为什么尤利西斯要做这么多的准备,因为他太清楚,一旦听到歌声,自己肯定会被诱惑。所以要趁自己清醒的时候,做好准备。

我们在约束自己的时候也应如此,制订计划避免受到诱惑,是非常有必要而且是非常有效的做法。比如我们要减肥,完全可以规划好让自己不要轻易看见美食,事情就变简单了。

许多职场人士都在用这样避免诱惑的做法来提高自己的效率,后来在时间管理上就有了名叫"尤利西斯合约"的做法。也就是说,因为你了解自己,害怕自己禁不住有的诱惑而失去力量,所以就和未来的自己订了一个协议,以便更好控制自己。

比如有一个大学生,他害怕考不好,就和自己订了一个尤利西斯协议,他把网线锁进抽屉,然后把钥匙交给了好朋友说:"考完试才能给我。"可笑的是,他的好朋友是他玩英雄联盟的队友,主动在考试前把钥匙还给他,还缠着他要玩,最后他考得一塌糊涂。他的尤利西斯协议就失败了。所以给自己找个靠谱队友,这也很重要。

我们可以给自己订一个尤利西斯合约,爸爸妈妈和孩子都可以订。妈妈可以给自己制订有关运动的尤利西斯合约。好多妈妈都希望自己有美妙的身材,但是决心下了多少天,都不能开始锻炼,所以妈妈可以把自己要开始锻炼的计划告诉给家庭群,并且声称自己要连续十天进行瑜伽练习,让家人们见证。然后告知家人们自己每天计划的运动时间,在此时期,其他人不要做任何事来诱惑妈妈。

再比如,好多爸爸希望自己每天都能够读一本书,但是一直拖拖拉拉没

187

有开始。爸爸就可以给自己制订一个尤利西斯合约，把自己要读哪一本书张贴在朋友圈，并且告诉朋友们，明天同一时间会贴出自己的读书心得。当你把话说出去了，就等于给自己订了一个尤利西斯合约。你担心人家笑话你说了不行动，你的行动力就会更强。

孩子也可以给自己订一个尤利西斯合约，比如孩子可以告诉妈妈：我在写作业的时间把手机交给你。到时候无论我怎么哭，你都不要心软，都不要把这个手机还给我，你要帮助我渡过这个难关！

有的孩子决定要把所有的作业在星期五全部写完，星期六星期天才能出去开心痛快地玩。给自己一个尤利西斯协议，告诉妈妈如果我的作业没有写完，你们出去就不要带我，不管我到时候怎么求你、怎么哭、怎么闹、怎么发脾气，你都一定不要带我。那现在你就是尤利西斯，争取队友来帮你吧，不要让欲望的女妖把你征服了！

6. 让孩子爱上准时准点

> 旅行是在两种意义上进行着：一种是从巴黎到罗马的实际旅行；一种是精神上的旅行，即精神上的追求与探索，由无知过渡到有知，由无意识过渡到有意识。
>
> ——米歇尔·布托尔

经常有家长感觉自己在人生的旅程中疲于奔命，日常的琐碎凌乱导致踩不上时间的节奏。尤其是跟孩子在一起的时候，本来打算三点钟要带孩子出去玩，结果不但三点钟没有出门，四五点钟都还在家里相互抱怨。你在生活中遇到这样的情况吗？

有时候特别想晚上十点钟卡着点睡觉，但是我们的宝贝儿还有一大堆的事情没有做完，一拖拖到了十一二点，最后一家人才疲惫不堪地、不愉快地进入梦乡。我们怎样来调整这种状态？

这节我们来学一个和孩子共同进行的策略性游戏：卡点游戏。

生活当中是有很多重要节点的，我们一定要让孩子意识到这些重要节点是什么，这非常重要。因为进行时间管理，我们规划得过细，反而会很累，但是如果把时间节点给抓住了，一切就会变简单。

比如，七点钟我们能卡住时间准时准点出门，十二点钟我们能卡住时间准时准点吃饭，十点钟我们能卡住时间准时准点睡觉。

当你把重要时间节点都给卡住，就会越来越能找到生活顺畅之后带来的轻松感。

卡点游戏的目的是让孩子和家庭中的每个成员都喜欢上准时准点的感觉。这个游戏怎么玩？

第一步：确定游戏规则。如果是三口以上家庭，可以分组，至少分为两组进行游戏。如果是单亲家庭，或者家庭成员只有两人能参加，则不需要分组，游戏照样可以进行。你可以把游戏时间定在周末，然后确定时间节点！

给全家人发起一个总动员：我们今天要来玩卡点游戏，现在我们要先确定今天我们主要去哪几个地方？然后把每个地点要到达的时间定下来，看看我们今天能不能齐心协力把每个时间点都顺利踩上。（如果分组的话）胜利的组获得一盏绿灯，并且在下一站有特权，失败的人罚一盏红灯，并且要当场分析原因。

你看这样家庭氛围也轻松快乐起来了。在这样的游戏中，孩子逐渐会爱上准时准点的感觉。

第二步：确定卡点地图。一家人一起商量周末要踩的点是哪些，并且每个人简单画一张地图。

第三步：在地图上标出时间点。这个也需要全家人共同商议，同时还要商议在每个点需要完成哪些动作才能离开。比如，到了超市，每个人都要找到一个五毛钱的物品，购买后才能离开。

第四步：开始游戏。游戏过程中，距离目标时间最接近的人可以在自己的地图上画上绿灯，早于规定时间到达的人画上黄灯，晚于规定时间的人画上红灯。因为游戏是以准时准点为荣，所以早的人虽然证明了行动力，但是对时间的把握却不是非常准确。

第五步：复盘。绿灯最多的人获得周末特权。可以给其他人讲述自己的经验，其他家人总结自己的收获。

用一个完整的流程给大家举个例子。比如周六你们确定的时间节点是：

第一站：早上10点16分到达广场喂鸽子，待鸽子吃完一小包鸟食才能离开。

第二站：12点31分，麦当劳吃午饭，要全部吃完并且把餐盘回收后才能离开。

第三站：下午2点27分到书店，找到一本有关太阳的书，记住书名才能离开。

第四站：回到自己家小区的公园，做完十个蹦跳来到滑梯旁结束踩点。

简单画一个地图，把时间节点和任务写上，精确到几点几分。在整个过程中，看看我们全家人能不能够准时准点完成这个任务。

注意：不要把时间节点定太多，先卡三四个点就够。其间，我们谁都不要催促，每个人手上都有自己的地图。比如第一个卡点10：16分，妈妈和孩子都已经穿好鞋子，准时出门准时到达了；爸爸是最磨蹭的那个人，因为爸爸上厕所耽误了。孩子和妈妈就得到绿灯，爸爸就得到一个红灯，然后当场让爸爸说说自己迟来的原因。

这时候你会发现，如果是大人输了，孩子反而更加用心地去卡点，会玩得更加来劲。等你们都喂完鸽子了，再一起出发，如果是步行，时间比较好计算，如果是开车中途可能遇上堵车，或者有的人磨磨蹭蹭，导致大家都卡点失败，这时我们就要每个人总结失败的原因，比如：

路上太堵了；

留给路上的时间太少了；

选的路线有问题，车太多；

没有合理规划路线……

当我们这样总结了一次原因之后，孩子就会发现我们要卡点成功需要调整很多细节，对把握时间就越来越有意识了。

这样的活动，每周来一次，参与者都会越来越喜欢准时准点，会感觉这不是一件压力特别大的事，准时准点的感觉真不错！当孩子喜欢上了这种感觉，他在日常生活中做事也会越来越紧凑，他的时间观念会越来越强！

7. 提升孩子时间感知力的训练

> 当爱支配一切时，权力就不存在了；
> 当权力主宰一切时，爱就消失了。
> 两者互为对方的影子。
>
> ——荣格

很多家长因为孩子没有时间概念感觉担忧，小家伙眼看时间一分一秒地在流逝，他一点都不着急。怎样帮助孩子建立时间观念？首先，我们要让孩子能够感知到时间。

我们做一个时间游戏：一分钟游戏。这个游戏是帮助孩子认识时间概念的。

我想问大家一分钟到底有多久？你能说得清吗？好多家长会发现自己也说不清楚。前文进行过一个测试，让家长来预估一下一分钟会有多少次呼吸？在讲座现场，家长给出的数字天差地别。

有的家长说三四十次，有的说五六十次、七八十次，甚至有人说一百二十次。可见我们很多人对时间的感知是完全心里没数的。

报的次数越多的人事实上对时间感知的能力越弱，那么一分钟内我们到底能呼吸多少次呢？

在你的手机上定一个六十秒的倒计时，然后点击开始，接着就正常地呼吸，一次呼、一次吸算一次，不要调整呼吸的快慢。数一数，你一共呼吸了多少次。也许是十七八次，也许是十五六次，这是正常的数值。每个成年人在没有感知之前也许都会得出一个错误的数字，那孩子就更加是这样了，所以我们要让孩子在各种事情中感受一下，一分钟到底能够做什么？

一分钟的游戏怎样玩？就是每次只给孩子一分钟来完成指定任务。一分钟可以做生活中很多琐碎的事情，比如，一分钟我们一起来比赛口算，看看孩子能够做多少道题，爸爸妈妈能够做多少道题，或者是一分钟一笔一画写汉字能够写多少个字，你和孩子一起来写一模一样的句子，记得是一笔一画地写，如果大人一不小心连笔，那就要重来。

在没有进行一分钟练习之前你可能会觉得你很快，事实上当你像孩子一样一笔一画地写时未必会比他快。这个时候我们就帮助孩子了解到：原来我一分钟可以做二十道口算题，原来我一分钟可以写十五六个汉字。这时他对时间的感知就越来越清晰了。

再比如，爸爸妈妈和孩子一起来比一比记单词，看看一分钟能够记多少个单词，注意记相同的单词表。经常和孩子玩一分钟游戏，孩子慢慢就知道了，原来一分钟是这么长，一分钟可以做这些事情。

在这个过程中，孩子会发现有些事情他完全能比大人更快，有些事情因为他做的次数还不够多，所以不能像父母一样快速熟练地进行，孩子对自己也就有了一份了解。这份了解是能提升孩子自信的。

我建议大家从日常自理、学习内容、家务、特殊任务等方面和孩子进行一分钟练习。孩子开始写作业之前也是一个非常好的练习机会，这会加快孩子的学习节奏。

8. 如何管理欲望？

> 教育的根是苦的，但其果实是甜的。
>
> ——亚里士多德

为什么我们每个人面对诱惑的时候都难以抵制？好多家长也说孩子看见好吃的好玩的在眼前，根本管不住自己，就忘了自己要干什么了。像这种情况，其实跟我们的大脑结构是息息相关的。

1960年，脑神经学家保罗·麦克莱恩通过研究，发现人类的大脑其实由三大部分的脑结构组成：最内层的叫作本能脑，它负责我们的呼吸、心跳等生命体征；中间的一层叫作情绪脑，是大脑的一个边缘系统，负责产生情绪和记忆，以及我们的激素分泌；最表层的是人类所特有的理智脑，这层大脑结构主要负责理性分析、逻辑推演，以及抽象思维。孩子学习时启动的主要是这部分大脑结构。

人跟动物有所区别的就是我们有一个前额叶，它能负责控制情绪、控制冲动。情绪脑产生情绪，本能脑产生冲动，理智脑会控制情绪和控制冲动，决定做事情的先后顺序，进行一些调控，就好像是大脑的总指挥。

我们把情绪脑比喻成一个妖怪，它一会儿开心兴奋了，一会儿又生气伤心了。这时我们的理智脑就好像是孙悟空，要来管好这个情绪妖怪。那在生活当中到底是孙悟空打败妖怪，还是妖怪把孙悟空给打趴下了，取决于你最开始的选择。

当面对"应该做的事"和自己"特别想做的事"的时候，陷入拖延的人，都是想先满足一下自己的人。你的情绪脑一旦得到了一点点的满足，它就被启动了。它想要更多的满足，这时候"妖怪"就在你的喂食之下开始膨胀和长大。

所以，我们永远不要去考验人性，尤其是孩子。我们要尽量减少诱惑孩子的因素。比如，有的家长说：我累了一天，看一会儿电视，这孩子为什么就不能自己去专心学习？如果你这么想，你就是在考验孩子的人性。如果换过来，在你很想减肥的时候，有人在你面前大吃特吃红油火锅，你感觉如何？在"应该做的事情"和"喜欢做的事"当中选择，你的自律性不见得会比孩子更强。

正因为大脑是这样一种状态，我们要清楚：如果不想拖延，要从杜绝最微小的满足开始。

比如有很多的孩子想：我就玩五分钟手机，然后就开始学习。要知道你一旦玩起来，情绪脑就被启动了，你大脑当中欲望的"妖怪"就会迅速长大，然后它跟你脑中的"孙悟空"本领差距越来越大，你的理智脑就很难管控它。所以，最好不要让"妖怪"有机会得到满足，等把正事全部做完了，然后再开始满足，这只怪兽才不会控制你。

杜绝满足自己，一丝丝都不要。当我们的孩子在动摇，我们也无须责怪，坚定地执行原则即可。这样，孩子的理智脑就会越来越强大，不会成为一个拖延的人。

9. 孩子赖床怎么调整?

> 一个周日早晨,我们在春光明媚的康内玛拉停下来,这时,一片令人迷醉的光亮展开,映在湖水中的整座山进入我们……
>
> ——谢默斯·希尼

"春眠不觉晓,处处蚊子咬,晚上不想睡,早晨又迟了。"这可能是很多孩子早晨不起床的写照。被逼无奈,家长们只能采用"杀伤式叫醒法"。结果这种叫醒方式,让孩子更不爱起床了,甚至还有很多孩子有起床气这种坏情绪。

什么叫起床气?就是一睡醒就不高兴,莫名其妙就想发脾气。

哪些方式是杀伤式的叫醒法呢?

一级杀伤式叫醒。早上起来,大人就皱着眉头,用很不开心和烦躁的声音开始叫孩子:"赶紧起啊,不要让我催!要是再和昨天一样磨磨蹭蹭,你就自己走着去上学。"这样的声音,让孩子对崭新的一天毫无期盼,觉得被鞭子赶着走的一天又开始了。也许我们大人被生活的压力搞得很累,早晨一起床就感觉有些烦躁,但是我们要知道,这种状态会立刻传递给孩子。这么无趣、辛苦的一天,孩子怎么可能想起床面对?

所以,我们提醒自己这样一句话:我的情绪,正在告诉孩子今天是怎样的一天。是值得盼望的一天,还是让人无奈的一天。

二级杀伤式叫醒。我们烦躁地叫孩子半天,就开始吼了:"你到底起不起床,每天让人一遍遍叫,你到底想干啥?"然后制造各种声音,想让孩子感觉到压力。比如,我们和家里其他人大声地说话,或者是拿东西、刷牙、洗脸都有意动作很重，想让孩子意识到自己已经不高兴了。

当你这样做的时候，孩子也正在积聚心里的愤怒！他还没起床就已经和你进入到对抗的状态，他这一天和你较劲的地方就会变多，因为孩子积攒的愤怒总是需要一个出口的。

三级杀伤式叫醒。如果你生气地吼了孩子，他还是不起，就一把把孩子的被子掀开："让你再睡！！！"然后怒目圆睁，死死瞪着他，看他到底起不起。这时候我们和孩子已经彻底进入斗争状态了。孩子很可能在潜意识里决定："明天我还这样，有本事你继续掀我的被子！"

这三级杀伤式叫醒都是破坏孩子一整天情绪的糟糕做法。

那应该怎么调整？

孩子早上起不来，一般情况下，要么是晚上睡太晚，要么是起床的感觉不好。改善孩子睡眠的方法我们前文谈到"冥想训练"，这里主要谈如何改变孩子起床的感觉。

第一步：和孩子选择几首他特别喜欢的音乐，如果孩子想不出来，就想想他最喜欢的动画片或者电视电影，我们可以选用里面经典的主题曲。这样每天早晨用音乐就可以唤起孩子的好感觉。不过注意一个细节，音乐声音最好逐步变大，不要猛然间很大，把孩子吓一跳。

据调查，当把自己喜爱的音乐变成起床铃声时，这首音乐从此就失去了它的吸引力。所以可以把孩子喜欢的游戏片段设成铃声，说不定叫醒他的同时还能减少游戏的吸引。

第二步：和孩子商定，每天音乐响起的时间。是在起床时间提前十分钟，还是五分钟。如果孩子说不用提前那么多，提前五分钟我就能按时起，那就听孩子的。

第三步最关键，和孩子说好如果他按时起床了，爸爸妈妈会对他说三句爱他喜欢他的话，并且给他一个大大的拥抱。如果他还没有主动起床，爸爸妈妈还是会对他说三句喜欢他爱他的话，但是如果三句话结束，他还没起来，凉毛巾就会出现在他脸上了。

说哪三句话呢？说你家孩子最爱听的话或者说三句你最想祝福他的话都可以。比如"哇，美好的一天开始啦，祝我的宝贝今天和小明玩得超级开心！"或者是"哇，早晨一睁眼我就看到了世界上最可爱的一个孩子！"这是事实，因为孩子在你眼中就应该是世界上最可爱的对吗？或者是"哇，宝贝，昨天你想去踢足球，今天放学就和爸爸一起开心地去踢球吧"。或者是"哇，昨天写作业特别认真的那个孩子现在要起床了吗？"

总之你要对孩子说好话而不是烦躁的话，只要你有这个意识，也愿意这样做，就一定能想出来说什么。

这里需要注意一个细节，就是如果孩子被凉毛巾敷了脸，结果生气发脾气了，你要保持游戏的心态。他玩不起，你要玩得起哦。要不然你们就又回到糟糕情绪的模式了。

这样的三步骤，你只要耐心做几天，就会见到成效。孩子会越来越能主动起床了，你和孩子都能拥有一个愉快的早晨了。

第三章　给孩子实质的帮助　给孩子的人生赋能

10. 孩子吃饭磨蹭怎么调整？

教导孩子，一定要时时从孩子的视角看事情，不要把害怕当作教育的快捷方式。

——雷夫·艾斯奎斯

不知从什么时候开始，不吃饭、不按时吃饭变成了很多孩子的问题。

年龄小的时候，很多孩子吃饭慢，或者总是剩饭。稍微大一些，还是叫半天孩子不上饭桌，要么人来了吃两口就不想吃了。早饭更费劲，很多孩子起床吃不下早饭，该怎么办？这一节我们就来聊聊如何让孩子按时吃饭，吃饭不再磨蹭。

一般来说，饿了就想吃，这是人的本能。但是现在孩子不想吃饭、食欲差，这肯定是有原因的。针对不同原因，教育方式也不一样。

第一个是情绪原因。

孩子年龄小的时候如果不够阳光快乐，很可能是父母和孩子开心玩耍的时间太少了。父母平时总忙于工作，只有在吃饭的时候和孩子在一起，当孩子不想吃饭，我们就想方设法地给他喂，又是哄又是劝，甚至还给孩子许诺这个答应那个；平时陪他玩的时候，却很少这样动脑筋。这样孩子就会在吃饭的时候想方设法获得大人的关注，不好好吃饭是最可行的方法。因为这是他唯一能和你在一起的时间。

情绪问题在大孩子也同样突出，很多孩子在学校里人际关系不好，心情不愉快，学习压力大，但是孩子总结不清楚，或者不想跟父母诉说。孩子心情沉闷，自然食欲也会非常差。

孩子吃饭磨磨蹭蹭的第二个原因特别简单，就是因为家里零食太多。

零食里面的香精、色素、膨化剂都会导致孩子食欲减退。如果孩子在饭前已经吃了零食了，吃饭的时候，因为饭菜里没有香精，孩子就会感觉不好吃，而且孩子的饥饿感也没有了，自然食欲就会变差。

孩子吃饭磨磨蹭蹭的第三个原因是，不良习惯伤了脾胃。

有的孩子今天吃明天不吃，想吃就吃不想吃就不吃，长期如此孩子就会脾胃失调。并且我们都知道，人类的消化系统尤其是胃是可以长大也可以缩小的一个器官。如果一个孩子长时间好好吃饭，他的胃就会保持适度的容量。如果孩子长期不好好吃饭，胃部就会缩小。你越强求孩子吃，孩子越厌食，因为肠胃消化不了。

针对以上三种情况，我们应该如何帮孩子进行调整呢？

第一步，先把每天吃饭的时间明确一下，比如几点吃早餐，几点吃中餐和晚餐。因为只有规律了，孩子的身体才能形成生物钟，到点他就会感觉很饿，吃饭才能吃得好。

第二步，在吃饭前，稍微花点心思，让你和孩子都笑起来。

这样做的好处是，不管孩子在学校过得开心不开心，最起码在家里他是快乐的，心情好食欲才能开。具体怎么做呢？

平时家长多看一些孩子喜欢的脑筋急转弯，或者收集几个孩子爱听的笑话，饭前讲一讲。比如一位妈妈在吃饭前，叫儿子说："儿子，你来，妈妈给你说一句话。"儿子不知道什么事，就跑过来，妈妈就边做饭边和孩子聊天："儿子，我问你个问题啊。西游记里沙和尚说得最多的是哪四句话？"儿子说："不知道。"然后妈妈回答说："第一句：大师兄，师父被妖怪抓走了！第二句：二师兄，师父被妖怪抓走了！第三句：大师兄，二师兄被妖怪抓走了！第四句：大师兄,二师兄和师父都被妖怪抓走了!"最后妈妈笑着说:"大师兄,现在把爸爸抓过来吃饭。"很容易就带孩子进入愉快用餐的氛围了。

第三步,家里尽量不买零食,接孩子放学路上,也不要给孩子买任何零食。孩子饿了,就给他一个小一点的水果垫一垫。

告诉孩子,等他吃饭的习惯养成了,零食可以在饭后吃。很多家长认为不让孩子吃零食,好像亏欠孩子了。这样的心态要打破,让孩子吃不健康的食物,才是对孩子最大的亏欠。

最后一步最关键,只有一句话,就是吃饭过程中"饭菜自己盛,不催也不等"。

没有零食干扰了,你只需要用心做好饭,然后在全家人吃饭的时候,保持用餐愉快。孩子吃饭的量由孩子自己说了算,让他自己去盛饭,盛多少家长都没意见,吃饭时间的长短也由孩子自己来掌握,因为孩子咀嚼得慢,你越催孩子食欲越差,只要他能一直吃,你就让他自己吃。大不了把洗碗的时间往后推一推。你不催的时候,孩子反而能吃得更多。

什么叫"不等"呢?就是孩子如果盛饭盛了一点点,或者中途不吃了,剩饭了,想要去玩还是想去写作业。大人都不要说什么,这个饭菜收拾掉就行了。如果一会儿饿了,也只能等下一顿饭了。很多孩子食欲不好就是从来没有体验过"饥饿"的感觉。

有一位妈妈这样做了,晚饭孩子吃一半跑去玩了,结果回来就没有饭了。孩子伤心得不行,妈妈没有生气,也没有劝他,就告诉他明早就有饭了。结果第二天一大早,孩子第一次早饭吃得那么香。

11. 如何提升孩子的自理能力？

> 在写这段话时，我正在吃百吉饼，上面涂满了黄油和蓝莓酱。
> 百吉饼不是我烤的，黄油不是我搅的，蓝莓不是我摘的，
> 我的早饭都是"捷径"。如果我的人生充满了这种容易获得的愉悦，
> 我永远不知道自己有什么优势、潜能，
> 而这种生活注定会导致我的抑郁。
>
> ——马丁·塞利格曼

问两个问题：

第一个：你舍得让孩子做家务吗？

第二个：孩子做家务你嫌麻烦吗？

绝大多数家长第一个问题回答是否定的，第二个问题是肯定的。这是很多家长的心声，不是舍不得让孩子做家务，而是让孩子做家务实在太麻烦了。又要教给他怎么做，做得不好自己还要再做一遍，还不如自己直接做。

其实不让孩子做家务，孩子就吃大亏了。为什么？哈佛大学用二十年的研究表明，爱做家务比不爱做家务的孩子就业率更高，二者的就业比例为15∶1，而且他们之间的收入也相差至少20%，爱做家务的孩子婚姻也更幸福。

教育科学研究院也对全国两万名小学生做了调查，发现做家务比不做家务的孩子成绩优秀的人多了二十七倍。所以做家务根本不会影响孩子学习，反而会让孩子学习更好！包括很多名人，其实都非常注重孩子做家务，比如美国超级豪门洛克菲勒，从小让孩子们记账和做家务，所以他们家代代精英。

做家务对孩子至少有这几个好处：

1. 会做家务的孩子，更懂得体谅大人更懂事；
2. 会做家务的孩子，因为动手能力强，所以更自信；
3. 会做家务的孩子，因为承担的责任更多，所以责任感更强；
4. 会做家务的孩子，更懂得什么叫生活，和周围的人相处更融洽。

既然做家务的好处这么多，我们如何让孩子越来越主动地承担家务，并且按时做家务呢？我给大家一个方案。

第一步：首先了解孩子在每个年龄段，他要会哪些家务。美国教育家伊丽莎白·潘特丽，设计了一份《不同年龄儿童家务学习清单》，我附在文后。

第二步：给孩子做正确的示范，并且牢记一句话："陪他做，不替他做。"这是非常重要的一个心态。

我们千万不要以为教孩子做家务是一次性的，回想一下自己的成长经历就会发现，学会做一项家务其实用了很久的时间，不可能一蹴而就。比如，孩子学习摆餐具，你给孩子示范摆放的标准，然后就让孩子摆。在孩子没有出大错的时候，你只看着他不提醒也不说话，就让孩子做就行了。

好多孩子为什么不爱做家务，因为他刚一开始做，家长就着急地纠正他。这不是孩子的问题，是我们太没有耐心了。你连着好几天都给他做正确的示范，但是在他做的过程中，并不纠正他，除非他出现一些特别明显的错误。重复几天后，孩子就掌握了一项做家务的技能。

还要注意的是，不要怕孩子闯祸。比如洗碗把碗砸了，或者端饭把饭撒了，都不要训斥孩子。千万不要让孩子产生一个误会就是"做得多错得多"。一旦孩子产生了这样的想法，他就会变成一个逃避责任、不愿意承担的人。

第三步：授权。给孩子委托固定的家务事，定时定点地由孩子来负责。孩子不行动的时候，你只需要在他身边提醒他一次，然后就认真地站着等他，一直到他行动。但是绝对不会发脾气也绝对不替他做。孩子做家务，家里的大人们都要经常感谢孩子，这样孩子不但有成就感，也会感恩你的付出了。

【附】

不同年龄儿童家务学习清单

年龄	家务
9个月—2岁	执行简单指令； 负责把简单的垃圾或者尿不湿扔进垃圾箱。
2—3岁	负责把垃圾扔进垃圾箱； 帮父母拿力所能及的东西； 会浇花； 晚上睡前会整理自己的玩具。
3—4岁	会上述技能； 会喂宠物； 饭后把脏的餐具送回厨房； 会帮父母把叠好的衣物放回衣柜； 会把自己的脏衣服放进洗衣筐。
4—5岁	会上述技能； 会准备餐桌； 会准备第二天自己要穿的衣物。
5—6岁	会上述技能； 会整理第二天去幼儿园的书包； 会收拾自己的房间。

年龄	家务
7—12岁	会上述技能； 会做简单的饭菜； 会帮忙洗车； 会帮忙擦地板； 会清理洗手间； 会使用洗衣机。
13岁以上	会上述技能； 会换灯泡； 会使用吸尘器； 会清理冰箱； 会整理灶台； 会整理复杂的家务。

第四节　孩子核心能力之情商及人际交往能力

1. 孩子适应能力测评

> 最好的东西都不是独来的，
> 它伴了所有的东西同来。
>
> ——泰戈尔

孩子的适应能力非常重要，下面是一份《儿童适应能力测评》，可以看看自己孩子的适应能力如何。

下面的十三道题，你可以根据孩子的实际情况作答，回答是得"1"分，回答否得"0"分，最后把分数相加，根据结果分析儿童的适应能力。

1. 你家孩子抵抗力不是很好，很容易感冒发烧或者拉肚子。
   A 是　　B 否

2. 你家孩子朋友不多，孩子总怕好朋友不和他玩了。
   A 是　　B 否

3. 你家孩子和很多孩子在一起的时候，也常常一个人玩。

  A 是　　　B 否

4. 通常情况下，你家孩子面对一个新的游戏，不太想尝试。

  A 是　　　B 否

5. 你家孩子即便和爸爸妈妈在一起，如果没有开灯也会感到紧张害怕。

  A 是　　　B 否

6. 如果是朋友聚会，你家孩子不能离开父母，哪怕一小段时间。

  A 是　　　B 否

7. 你家孩子不喜欢参加各种各样的文艺表演。

  A 是　　　B 否

8. 你家孩子宁愿待在家里，也不太愿意出门找朋友玩。

  A 是　　　B 否

9. 除了父母，你家孩子很少跟其他成年人交谈。

  A 是　　　B 否

10. 你家孩子兴趣很有限，不愿意学习新东西。

  A 是　　　B 否

11. 你家孩子不喜欢参加户外活动和游戏。

  A 是　　　B 否

12. 你家孩子对很多新鲜事情不感兴趣。

　　A 是　　　B 否

13. 你家孩子见到亲朋好友时，通常不好意思说话。

　　A 是　　　B 否

测试结果：

0—4分：孩子对新环境的适应能力较好，他能很快地适应新的环境，也能很快融入集体，找到属于自己的位置。即使面对差异较大的环境（比如考场），他也能快速地适应，优秀的适应能力让孩子很快在新环境表现出最佳状态，充分展现他的优势。

5—9分：孩子对新环境的适应能力一般，每当到了一个新环境，他需要一定的时间观察才能逐渐融入环境。不过对新环境的适应能力通常情况下并不会给孩子的发展造成大的影响，面对新环境，孩子只是需要更多时间而已。但是，当孩子面对差异较大的环境，或者是压力较大的环境适应起来就具有一定困难（比如考场），这将会影响孩子在这个环境中的表现。

10—13分：孩子的新环境适应能力非常不足，适应新环境需要很长的时间，孩子总找不到自己的位置，甚至还没有对环境适应，就已经逐渐被环境边缘化。当环境对孩子的接纳度高的时候，孩子通过一段比较长的时间可以逐渐适应，但是当环境的接纳度不高，或者环境具有一定压力的时候（比如严肃的课堂或者班级中途换了新老师），孩子适应得就很慢。对差异较大的环境孩子的适应尤其困难，这样的适应能力，大大影响了孩子的正常表现，很难让周围人发现他的优势和长处。并且因为孩子经常无法融入环境，他对环境更加敏感，孩子比较容易出现畏缩行为。

2. 孩子的性格会影响受欢迎程度吗？

停止尝试扮演不是自己的角色，
那是多么大的一种解脱啊。

——玛蒂·莱利

外向性格的孩子和内向性格的孩子，哪个更容易受老师和同学欢迎，这个问题是否有定论？一定是外向的孩子更受欢迎吗？不一定，我们来讲两个孩子的故事。

第一个孩子的妈妈经常因为没人照料孩子，把孩子带到工作单位。孩子嘴很甜，见到妈妈的同事们就会叔叔、阿姨、哥哥、姐姐地问候一遍。大家也非常能理解他妈妈的难处，也都尽量表现出对孩子的欢迎。但慢慢地大家却越来越不喜欢这个嘴甜的孩子了，这是为什么呢？

因为这孩子根本不管别人在干什么忙什么，都会一刻不消停地找人说话，或者动这动那。一会儿问这个叔叔要吃的，一会儿翻那个阿姨的抽屉，一会儿打翻了隔壁桌上的水杯，一会儿又弄倒了凳子。办公室里一直都是他妈妈在低声呵斥他、制止他的声音。大家碍于面子也不好说，但是从心里开始讨厌这个小孩，一看见他来了就嫌弃。

第二个孩子有点内向，不管到哪儿都是小心翼翼地跟在妈妈身后，不离开妈妈一步，有时候妈妈忙得照顾不了他，想托别人暂时照料一下都不行。孩子倒是很乖，只要在妈妈旁边，就安安静静地绝对不会影响别人。但也像个隐形人一样经常被大家忽略。这个孩子在学校里也没有几个朋友，学习成绩中不溜，老师几乎很少注意到他。

从这两个孩子的身上，我们能看出来，不管是外向的孩子，还是内向的孩子，都有可能成为不受大家欢迎或者是被大家忽略的孩子。

外向的孩子虽然热情、健谈，但他们如果不会人际交往，行为举止没有分寸，很容易以自我为中心，只顾自己感受，招人反感，导致大家因为讨厌他而不支持他，甚至打压他。而内向的孩子虽然安静、沉稳，但是如果不会在适当的时候展现自己，慢慢就会变成一个隐形人，在人群中失去应该有的存在感，这会让孩子更加退缩，造成恶性循环。那么，什么样的孩子才是受大家欢迎的呢？

其实就是十五个字：人格能独立，做事有分寸，会展现自己。人格独立是受欢迎的前提。那什么是人格独立呢？人格独立的孩子在人际交往中体现出的是真诚和自信，他不会依赖别人对他的表扬和评价，对自己能做什么不能做什么，自己有什么优点及长处，认识得很清楚。所以才会在人群里很自信，这种"有自知之明的状态"和"有依据的自信"就是人格独立。当一个孩子逐渐开始人格独立，他的自信就会变成他的人格魅力，这种魅力会让他走到哪里都很受欢迎。这样的例子非常常见。在一个班级里，有的孩子根本没做什么，老师和同学却都很喜欢他，其实就是他已经逐渐在散发人格魅力了。

那什么是做事有分寸呢？也就是孩子有能力看清楚当时的情形，并且根据当下情况做出判断，孩子内在是有自我掌控力的，他能把握自己的行为，该安静的时候能克制自己，该给别人帮忙的时候就能主动伸手，该大方的时候能大方地和周围人互动，在长辈、同学以及同龄人中自然就受欢迎。

一个做事有分寸的孩子，上课的时候他会很清楚，他最需要做的是认真听讲，积极发言。下课的时候他也很清楚，应该做的是痛快地玩，开心地玩。能够看清楚当时的环境、周围人的需要和自己的需要，这种能力就是分寸感。

那什么是会展现自己呢？不管是内向还是外向的孩子，其实都需要明白自己的优势，而且孩子需要从小明白一件事，他需要让周围人认识自己。而让周围人认识自己的机会其实是自己争取的，而不是默默地等来的。所以一个会展现自己的孩子首先就是清楚自己优势的孩子，然后在适当的场合、适当的机会中去展现自己。

比如一个外向的孩子，很清楚自己的语言表达能力很强，所以上课发言或者学校有演讲比赛的时候，或者是为自己的好朋友出面辩护的时候，都可以展现自己的这个能力和优势。

再比如一个内向的孩子，他很清楚自己的优势就是做事有条理并且很认真，那在班级需要做板书的时候，老师需要有人帮忙统计一些班级事务的时候，同学不会做题的时候，他就可以展现自己的优势。他不需要时时刻刻都是一个热闹的人，但是完全可以抓住这些机会，让同学和老师知道，他虽然话不多，但是是班上非常有能力，并且非常可靠的一分子。

我们来回顾一下，一个受人欢迎的孩子，他要做到哪几件事？是十五个字：人格能独立，做事有分寸，会展现自己。

3. 如何培养孩子独立的人格？

> 教育是帮助一个孩子在未来的生活中更成功地寻求自己的幸福，（注意，是他本人的幸福，不是他家的，不是他们学校的。）而教育不是为社会机器塑造一个合适的螺丝钉。
>
> ——布朗

我们常说："与老人沟通不要忘了他的自尊；与男人沟通不要忘了他的面子；与女人沟通不要忘了她的情绪；与上级沟通不要忘了他的尊严；与年轻人沟通不要忘了他的直接；与孩子沟通不要忘了他的天真。一种态度走天下，必然处处碰壁；因地制宜，因人而异，才能四海通达。"我想这就是做人的分寸吧。

上一节我们说要让孩子更受周围环境的欢迎，最重要的就是他要有一个独立的人格。什么叫独立的人格呢？怎么才能让孩子拥有独立人格呢？

孩子在成长的过程中，要实现三个目标。第一个，让他越来越了解自己，并且完整地了解自己。让他能看清楚自己的全貌：他的优势是什么？他的缺点是什么？他的长板是什么？他的短板是什么？他的进步是什么？他的退步是什么？他和他人的区别之处是什么？我们帮助孩子了解这些，孩子的心智才会越来越成熟，他才能建立健康、客观的自我认知。

有一位妈妈，她每天压力非常大，特别焦虑，所以整天盯着孩子，看到的是孩子一身的毛病，脱口而出的也是对孩子的很多不满。等孩子长大了，你如果问这个孩子，对自己最满意的地方是什么？就这样一个简单的问题，这个孩子十有八九都答不出来。因为他根本不认识自己。那么人格独立从何谈起？

同样的问题，我现在问问你，你最喜欢自己的什么？你最满意自己的是什么？请由衷地回答。如果你也说不上，说明你对自己的认知也没有很好地建立。但是如果你最不喜欢自己的哪方面？我估计很多人都能说出一堆来。所以，让孩子完整地了解自己，这是我们要帮他实现的第一个目标。

我们要帮他实现的第二个目标是：深深地认同自己，确定自己值得被爱，值得被尊重，值得被好好对待。很多人在内心当中是不确定这一点的。一个孩子不确定这一点的时候，他就很容易因为不自信而变得敏感，并且不能和周围人自信地交往。

我们要帮孩子实现的第三个目标是：越来越有追求。他总是活得很有劲头，精神焕发。活得有光彩，这是我们长期的目标。

下面我们用两个方法来帮助孩子完整地了解自己。

【优势游戏法】

这个方法是我们的一位学员想到的，她在学习了我的亲子情商训练课程以后，因为掌握了原理，她就发明了这样一个做法，一家人玩得不亦乐乎，不但帮助孩子找到了越来越多的优势，她和老公也在这个过程里越来越自信。她是怎么做的呢？

他们一家三口，准备了一些彩色小纸条，然后在每天睡觉之前，就会来一个优点大轰炸，每个人可以说今天最满意自己的地方，说一个，妈妈就写一个字条，每一个字条都可以粘一个圈圈，再把这些圈圈一环一环串起来。妈妈的彩色纸环变长了，孩子和爸爸就猛烈地亲妈妈；孩子的彩色纸环变长了，爸爸妈妈就猛烈地亲孩子。一家人每天都做这个睡前小动作，时间久了，家里一来人，就能看到他们长长的彩色纸环，每个纸环上写的都是对自己最满意的地方。这让每一个来他们家的客人羡慕不已。而且每次来的人都会把纸环念一遍，他们就又开心地哈哈大笑一回。

有一位单亲妈妈，她也按照这个方法在家里做这个彩色纸环，结果家里的氛围也改变了，虽然家里就她和孩子两个人，但是他们在家里感觉到的幸福一点也不比其他家庭少。

【理性反馈法】

我曾经刷到一个直播，主播是一个看起来不满二十岁的女孩子。她着实吓了我一跳：她从下巴到手指尖，甚至额头上，全部都是文身，黑黑得文满了全身。

她在直播中说，她文了好几年了。看直播的人都在骂她。她说："你们可以骂啊，你们越生气，我越开心啊。我就喜欢看你们这些假装正经的人，气得跳脚的样子。"这个孩子长得眉清目秀，很漂亮。我是做心理工作的，应该客观看待这样的现象，但是，我想说的是，一个孩子在什么情况下，会以被人骂为乐？

有另外一种情况非常常见，在学校里，几乎每个班级中都有几个专门到处撩闲，不断惹人烦，看起来就是一个讨人嫌的孩子。其实这些孩子都是遇到了同样的问题，就是他们不认识自己，不了解自己的价值，他们不会正确地表达自己。他们不会和周围人进行正面互动，所以他们就采取了负面互动的方式，让大家发现自己的存在。

他们和老师对着干，和同学对着干，你指东我偏往西，看起来如此讨厌，其实无非就是想说："你们看见我了吗？""我在这里，你们看到了吗？"所以每次看到这样的孩子，我总是无比心疼。

让孩子认识自己是如此重要。如果你是一个行动派，就让我们一起实践"理性反馈法"。

我们平时听到的反馈通常有两种，一种是正面反馈，一种是负面反馈。如果我们想让孩子了解那个完整的自己，我们就需要做到：负面反馈要具体，正面反馈要加强。

"负面反馈要具体"的意思是：当我们发现孩子有些地方需要改进的时候，你不说他这个人怎么样，因为这会让他感觉你在针对他，你只需要说你看到的

第三章 给孩子实质的帮助 给孩子的人生赋能

具体事实。

比如，你看到孩子吃饭弄了一桌子，你只需要说：宝贝，桌子。你递给他一块抹布就足够，话越少越好。

"正面反馈要加强"是指家里人或者外人在夸奖孩子的时候，不需要让孩子谦虚，也不需要和对方客套，而是要立刻进行加强。

比如，朋友说你家孩子真懂事。你要立刻致谢，说：谢谢，谢谢，我家孩子的确很懂事，每次看到我提重东西都会赶紧来帮忙。你看，立刻附加地举一些具体的例子，孩子就会受到很大鼓舞。

再比如，孩子的老师说："你家孩子很会关心同学。"我们可以立刻致谢说："谢谢，谢谢，孩子的确在家很会关心我们，看到我感冒了，就天天提醒我吃药。"同时你也可以教孩子，在别人夸奖自己的时候，我们应该坦然接受而不是谦虚，因为坦然接受是自信的表现，当然不能忘了感谢人家的鼓励。感谢对方的时候，还可以说一下自己具体是怎么做的。

比如，一位阿姨来做客，看到孩子在写作业就随口说："你学习这么认真啊。"孩子就可以坦然接受表扬，说："谢谢阿姨，我正在努力完成目标，我会继续加油的。"这会让孩子更加自信，他会从心里感觉自己真的做得很好。

4. 内向的孩子如何打开社交？

> 当我说"未来"这个词，音方出即成过去。
> 当我说"寂静"这个词，我已打破了它。
> 当我说"无"这个词，我在无中生有。
>
> ——维斯瓦娃·辛波丝卡

性格内向的孩子就一定不懂社交吗？不一定！给大家分享我在做咨询时的一个案例：这个家庭因为老公工作的变动，全家不得不搬到了一个陌生地方重新开始。转学的时候，儿子是各种不情愿，一直求着爸爸妈妈不要搬走，不想换学校。但是他们也无可奈何，只能强硬地给孩子转学。

转学以后，孩子就特别不适应，整天闷闷不乐没精打采，问他学校的事，他也不说。一直到后来，一个学期快过去了，孩子的成绩越来越差，家长去找老师，才知道儿子在班级里的状态非常不乐观。老师说孩子适应得太慢，到现在一个学期了，甚至没有一个好朋友，为此老师还特别安排他和比较活跃的孩子坐到一起，但是他们玩不到一起。

回来以后，家长就问孩子到底是为什么。儿子终于说：同学们都欺负他，他也不敢给老师说，他更不想给家长说；因为感觉说了也没有什么用，所以就这么忍着。用孩子的话说："反正这个班上没人喜欢我。"直到这时他才知道孩子在学校里有多为难。是啊，我们总是关心孩子的学习成绩，只有看到孩子的学习成绩退步了，才想起去找老师了解情况。

其实，每个孩子在学习成绩出问题之前，通常都是人际关系先出问题的。

比如，一个孩子语文成绩如果忽然下滑，一般情况下，很可能是和语文老师关系已经变差一段了。而在一个班级中，不善于人际交往的孩子普遍成绩一般，为什么？因为人最基本的需要是在群体当中的归属感，当一个孩子在班级里找不到朋友，甚至人际关系紧张时，他在班级里是没有归属感的，他又如何能专心学习？

其实内向的孩子是有自己独特的社交优势的。哈佛大学的认知神经科学家研究发现，内向的人脑前额叶皮质里面的灰色物质更大更厚，脑前额叶这个区域是负责什么的？是负责抽象思维和做决定的，所以内向的人一般会思考周全以后才做决定，而他们的决定通常都是比较谨慎而有意义的。所以很多企业家，都是话不多但是非常善于决策的人。

而外向的人正好相反，他们更活在当下，经常会在没有完全思考清楚的时候就去冒险。所以说，内向的孩子并不是不喜欢跟周围的人互动，他们只是慢热一些；只不过面对外界刺激他们比外向的孩子更稳重谨慎，社交中的反射弧更长。

而不善于人际交往的孩子，是和环境不和谐的，是在环境周围游离的，甚至是和环境冲突的。因此之前那位家长认为孩子的困境是因为内向造成的，这个问题的根源首先就找错了。仔细观察孩子，他几乎所有的问题都是由缺乏方法导致。如果想让孩子尽快融入学校环境，该怎么调整呢？

其实，最好的方法就是四个字：言传身教！咱们是孩子最好的老师，尤其是在为人处世这方面。如果我们可以给孩子树立榜样，把自己是怎么参加社交活动的，自然而然地展示给孩子看，孩子在学习和模仿中会慢慢变得开朗。

但如果你觉得自己也不太擅长主动社交，那该怎么办呢？没关系，我再教你一个方法：制作家庭社交清单。

我们可以把社交活动列在清单里面，比如定期就像完成重要任务一样，邀请某位朋友全家一起来吃饭。或者是定期约几个同事，带孩子一起去爬爬山。或者是给自己一个任务，就是在接孩子放学的时候，多认识几位孩子同学的家长。把你能想到的，认为需要做的，都列出来，这样就可以把主动社交变成必须要做的事情。只要我们赋予它一些规律性和仪式感，就像我们喜欢的逛街和看电影一样，让这些事成为日常活动中不可缺少的一部分。慢慢地，孩子就会明白，原来想要拥有更多朋友，自己要主动行动。即便孩子内向，他也会学到很多。

但我们也要注意一个问题：内向的孩子大多都比较敏感。这就要求家长在带孩子参加社交活动的时候，一定要让他们有安全感。要让孩子知道两点：第一，无论什么时候你都在他身边；第二，如果孩子慢热一些，没有人会给他压力。

触发内向孩子的社交主动性，应该从家庭内部做起。要不然，家里整天死气沉沉的，我们怎么指望孩子能打开社交圈？

5. 打破对内向与外向的误解

> 对别人不感兴趣的人，他一生中遇到的困难最多，对别人的伤害也最大。
>
> 所有人类的失败，都出于这种人。
>
> ——阿尔弗雷德·阿德勒

有一次在讲座中我让家长们猜我是一个内向还是外向的人，很多学员都一致认为我是一个外向的人，因为我上课的时候很健谈。其实内向和外向从表面上很难直接看出来的。

经常有人一看到自己人际关系不好，就说："哎，都怪我这个人太内向了。"或者是孩子在班级中不受同学支持或者不受老师关注的时候，我们就会说："哎，都怪我家这个孩子性格太内向了。"其实这样说，都是对内向的误解。

首先从心理学来说，内向和外向这两种性格特质的区别不在于谁看起来更热闹或者朋友更多，而在于这个人的心理能量及精力来源于什么方向。

对于内向的人来说，他们的心理能量和精力来源都指向自我内部，是他们的内在世界，如思想、情绪、感受、观念等。因此他们更安静，比较喜欢独处，比较喜欢内省和思考。一个内向的人也完全可以健谈和善于社交，他们仅仅是在能量低的时候，精力不够的时候，会向内寻求能量而已。内向的人如果社交能力良好，只要环境需要，他能游刃有余地和周围人互动。所以单纯看社交表现，是无法分辨出谁是内向谁是外向性格的。内向或外向所代表的只是人的心理状态，从本质来讲根本没有高低、优劣之分。但是很多人对内向有误会，有偏见，所以他们认为"内向"是一个人的缺点，好像内向的人就应该是：不会说话的，不合群的，消极的，悲观的，敏感的，胆小的。其实这不是内向的人的特点，而是不会人际交往的人的特点。

这个天大的误会该解开了。所以我们来看看内向孩子的优势是什么？

他们很谨慎，可能话不多。他们很会交朋友，可能朋友不多，但是要好的那几个人关系会非常亲密。他们心思细腻，所以能常常注意到别人忽略的地方，善于发现别人看不到的东西，心细如发。他们洞察力很强，特别善于察言观色，体察别人的情绪，也特别会理解人。他们耐力很足，非常能坚持，很可靠。他们很安静，内心世界很丰富。

当内向的孩子拥有了好口才，他们更容易被看作是才华横溢的人。当内向的孩子拥有了人际交往的方法，他们在人群里更容易获得威信。当内向的孩子勇于承担责任，给人们的感觉会更靠谱。所以内向的孩子优势是非常巨大的。他们唯一的比较突出的劣势就是调节自己情绪的速度有些慢，一旦遇到情绪问题，他们很容易拒绝和环境互动。

在这一节里，我要给内向的孩子一个方法，当然这个方法也适合每一个想要更好地管理自己情绪的孩子，叫"十五秒积极转变法"。

这个方法可以分三步。

第一步：当孩子经历负面情绪时，我们可以鼓励他一边深呼吸，一边在心里默数十五秒，把自己的注意力都拉回来，集中全部注意力在数呼吸上。利用这段时间让自己冷静降温。

第二步：如果我们在孩子身边，我们可以让孩子再用十五秒尽情把负面情绪全部都给表达出来，比如说我不喜欢谁，讨厌谁，作业太多了，同学欺负我了，我好难过等。

第三步：引导孩子想象一个他喜欢的画面。你可以说：来，宝贝，我们现在一起想象一下，你的脚下就是阳光、海水、沙滩，我们两个正在沙滩上使劲奔跑，你想到了吗？或者是：宝贝，我们现在一起来想象咱们全家一起去游乐园，一进大门，我们就看到了过山车。

　　这个过程刚开始有点难，但一有机会就和孩子做这样三个步骤，渐渐地孩子就会发现，原来心情不好的时候，转变一下念头，就能从坏情绪中抽离出来。而内向的孩子一旦脱离了坏情绪，他们就可以更灵动地和周围环境互动了。

6. 如何让孩子主动开始社交？

> 一个人毕其一生的努力，
> 就是在整合他自童年时代起就已形成的性格。
>
> ——荣格

如何让孩子更会交朋友，更会表达自己的想法，这一节我要给大家一个游戏，而且这个游戏大小孩子都适合，对改善沉闷的家庭氛围也很有好处。

在开始学习这个游戏之前，我们要避免一种自我矛盾的心态。因为我发现，当我问众多家长：家里是否需要欢声笑语？是否需要其乐融融？家长们的答案都是非常肯定的，但是真正行动的家长却少之又少。

甚至很多家长，非常明确地知道同样的游戏，假如把孩子送到情商训练班去玩，或者请老师带着孩子玩，一个小时就要花几百块甚至上千块钱，但在家中依然不愿意花时间和孩子共度这样的快乐时光。

所以我们不要做一个被动的人，不要总是因为惰性而让我们身陷问题当中。要知道生活的质量都是我们自己创造的。如果真的想让生活变得不同，想让孩子从小活在笑声里，学到的方法就一定要用，就一定要行动。

【炸弹游戏】

这个方法适合慢热型的孩子。这种孩子因为反射弧长，所以他通常对信息刺激的回应要慢一些。

游戏分为两个阶段。

第一个阶段有点恶搞的性质，主要目的在于调动气氛，让气氛先欢乐起来。一个人抱球，一边提问一边把球扔给对方。对方要在接到球的同时回答"是"或者"不是"。然后要想办法把对方弄到语言的"陷阱"里去。

比如：你是人吗？对方说：是。你是坏人吗？不是。你是好人吗？是。你不是猪吗？不是。

再或者：你是狗吗？不是。你不是狗吗？是，你是人吗？不是。

第二步：热身以后，谁拿球谁就说一个自己的"心情之最"，也就是今天自己最开心、最生气，或者最丢人、最好笑的事，也能分享自己最喜欢的东西或者人，或者自己最盼望的事等。这样的分享不需要多长时间，根据你们当时说话的心情，三五分钟也行，如果说得特别过瘾，多说一会儿也行。

这里要注意一点，不管你的孩子多大，你都要真心把孩子当成一个和你平等的人来认真对待。所以球传到你手上了，就认真地分享你今天最开心的事，或者最伤心的事。你会发现如果一家人都能这样参与进来，慢慢地每个人都学会了倾听，也学会了人际沟通。

每天这样玩几分钟，就算是孩子十几岁不会交朋友，一个阶段以后，孩子也能自如地交流自己的心情了。

有一句话说，我们人生的记忆是握在掌心里的沙，不论你摊开还是紧握，终究会从指缝中一滴一滴流淌干净。但是我觉得，人生终究会留下一些东西，作为父母，我们想在孩子的人生中留下什么呢？当时光过去，很多记忆消失，我希望孩子们都还记得自己的爸爸妈妈曾经是多么快乐、多么用心地对待自己，让爸爸妈妈的笑容成为孩子掌心里最后留下来的那颗珍珠，伴随他一生的幸福。

还是那句话：方法不在于多，而在于行动。

7. 如何培养孩子的分寸感？

> 如果我爱他人，我应该和他一致，而且接受他本来的面目。
> 而不是要求他成为我希望的样子，
> 以便使我能把他当作使用的对象。
>
> ——艾瑞克·弗洛姆

聚会当中，往往有三种孩子。

第一种，讨人喜爱型。孩子和环境融合得很好，能和大人及同龄人友好地交流，也能很有礼貌地对待各种情况。

第二种，回避退缩型。孩子表现得紧张不安，自己躲在一边玩，甚至有的孩子都青春期了，在聚会中仍无法融入人群。对周围事物的反应冷淡，也不和大人或者其他孩子互动。即便在聚会，也好像是待在自己的世界里。

第三种，人来疯型。孩子一看人多就兴奋，情绪亢奋难以自制。说话没分寸，叽叽喳喳吵个没完，甚至说一些没礼貌的话。

我曾经遇到过一个孩子。当时我请他的爸爸妈妈在一个酒店吃顿便饭，结果，孩子进门就开始要自己点菜，菜刚上来就说做得不漂亮，太低档了。弄得他的爸爸妈妈特别不好意思，连忙给我道歉。其实这个孩子都已经十三四岁了，但是这不怪孩子，只怪我们还没有让孩子学会说话的分寸。

我们来设想一下，以上我们所说的这三类孩子逐渐长大乃至成人，哪一类孩子更容易受到长辈的支持和爱护？正常情况下都应该是第一类孩子对吗？但是礼貌不是在人前养成的，而是在人后，也就是家庭环境里养成的。

孩子在家说话是否有分寸，我们就知道他在外面是什么样子了。所以这一节我们来说说，孩子对长辈说话做事的分寸感应该怎样培养。

首先确定的一点是，养成孩子的行为分寸感，家庭环境至关重要。我们在家里要注意要求孩子这样一些细节。

第一，家人之间每天要相互问候。很多家长抱怨自己的孩子出门不愿意和人打招呼，即便已经是大孩子了还扭扭捏捏显得一点都不大方也没有礼貌，其实这是家庭当中本身就缺少这样的氛围。

所以正确的做法是这样的：夫妻之间或者是大人之间进门相互打招呼，然后有意识地聊一两句再去做其他事，这是家人之间应该有的最起码的仪式感。不要因为是一家人就变得日益随便，正因为是家人，所以更要用心地对待彼此。

还有就是吃饭、睡觉、外出等行为都要先打招呼再去做，并且告诉孩子这就是家规。比如，吃饭了要先说："爸爸妈妈，我开始吃了。"然后再开动。睡觉要先说："爸爸妈妈，我去睡觉了。"然后再去睡。外出要先说："爸爸妈妈，今天我要……您同意吗？"这些都是日常养成的习惯，要让孩子在一天一天的熏陶之下意识到日子就应该这么过。我们设想一下，如果孩子在这样一个家庭环境中长大，还会出门见人不打招呼吗？

第二，吃饭、走路都不能抢在长辈前面。我们家长辈没动筷子，孩子动筷子了，大人的脸色是很难看的，大人无需发威，孩子就知道这是很严重的错误。

我们要让孩子知道长幼有序，这非常重要。我们可以和孩子平等地聊天，也可以和孩子放开了玩耍，但是作为长辈在孩子面前要有基本的威严，因为我们不仅仅是他成长的伙伴，也是他成长中的管理者，是他成长中的引路人，我们要有基本的姿态。这种家长的威严不是在孩子犯错的时候对孩子大吼大叫建立起来的，而是在日常生活中，在一些仪式感中，在我们坚定的原则中潜移默化地让孩子认识到的。

第三，在长辈面前说话，孩子声音的大小要适当。这个不要总通过批评孩子或者提醒孩子来培养，而是要通过我们合理的回应方式来增强孩子的意识。比如孩子对大人的声音过大了，我们可以停止回应他，做一个降低声调的手势。孩子调整过来了，我们在倾听他的时候多点头，让孩子感受到自己此时的行为是恰当的。

我们和孩子平时当然可以自由地攀谈，最关键的是我们要建立孩子人际交往的意识，让孩子在开心地说自己的观点时，在自由地表达时，不要忘记此时在和谁说话，是长辈还是同辈。这样的基本意识是随着岁月渗透到孩子骨子里的，只有有了这样的意识，孩子人前、人后做事才能有基本的分寸感。

我们千万不要在孩子面前大呼小叫，这样孩子肯定会学会我们的态度。因为孩子犯错的时候，他需要我们严肃认真地对待，而不是情绪失控地对待。经常情绪失控的家长，在孩子面前是没有威严的，孩子会因此对父母随便。孩子一旦对父母随便起来，出门就一定没有分寸感，对其他成年人也会没大没小。

第四，尊重物品的归属，行为要有界限。进入爸爸妈妈房间时要养成敲门的好习惯，这样孩子出门才知道尊重他人。爸爸妈妈的东西，没有经过允许绝对不能乱翻，包括爸爸妈妈的衣服口袋，爸爸妈妈的包包等物品。

如果我们感觉都是一家人没关系的，这其实是一种误导。这会让孩子感觉只要关系亲密了，他就可以把人家的东西当成自己的随意对待。这不怪孩子，是我们已经让他以为关系亲密就等于不分你我，就等于"我想怎么都可以"。

有一个孩子就是这样，所以当他翻好朋友的书包时，他的好朋友特别生气。他就说："你和我分得这么清，动一下你的东西怎么了？你根本没有把我当朋友。"两个孩子就绝交了，那个孩子也坚决不原谅他。这就是没有分寸惹出来的不必要的麻烦。

第五，培养关心长辈的意识。比如，每天要求孩子给爷爷奶奶捶背，或者给爸爸妈妈挤牙膏，或者给妈妈倒洗脚水。这些力所能及的小事会让孩子提高自己的价值感。如果一个孩子发现家里人是需要他的，其实他在外面也很容易发现其他长辈的需要，就会变得很有眼色，会理解其他大人。这样的孩子怎么可能不受周围人欢迎？怎么可能不受同学和老师的喜欢？

我们再来看看前面开篇提到的那三类孩子，第一类孩子为什么在众人面前能够大方得体，我想他在家里的表现也不会太差；而第二类孩子，还有第三类孩子，估计都是在家里就没有学会这些细节，所以到了人群里，一个退缩，一个人来疯。

孩子在没有这些行为分寸的时候，他们是很难打开自我的。而这种根据环境来调整自己行为的意识，是需要日积月累的。只有这样，他们才能对周围环境做出正确的反应，不会显得格格不入。

8. 如何提升孩子在班级中的存在感？

> 每个人自己都是一个海岛。只有他首先乐意成为自己并得到允许成为他自己，他才能够同其他的海岛搭起桥梁。
>
> ——卡尔·罗杰斯

想让孩子在班级中变得自信，有一个简单易行的方法。那就是让孩子背一篇自我介绍。你可能觉得这个方法没有用，事实并非如此，要知道，一个孩子从上幼儿园到上小学，再到中学，有太多次自我介绍的机会。

每换一次班，每升一次学，每换一次老师，每认识一个新同学，都是孩子介绍自己的好时机。而一个会自我介绍的孩子，一开口大家就会对他产生非常好的印象。老师会觉得孩子落落大方，语言表达能力强；同学会觉得孩子自信满满，很有勇气。这对提高孩子在班级当中的存在感大有帮助。

我曾经给一个家长做咨询，他说他家孩子马上要小学毕业，但是孩子从小就胆小退缩，不太善于表达，非常自卑。现在孩子马上要上初中，他又担心孩子适应不了新环境，给老师和同学的印象不好。我当时就给他支了一招。我说："让你家孩子立刻变得自信，这不可能。让他立刻变得会交朋友，会和老师打交道这也很难。但是有一个最简单的招，就是背一篇自我介绍。"然后我给了他自我介绍的三个核心要点，他的孩子在一个假期里，每天都大声背诵一遍自我介绍。在开学的时候，老师让全班每个同学介绍一下自己，大部分同学都支支吾吾，结果他用三十秒钟让大家对他刮目相看。

上学第一天，同学们全都记住了他这个自信的孩子。老师对这个孩子也是印象非常好，第一轮选班干部就选上了他。这个孩子第一次在班级里找到了受人关注的感觉。

那么自我介绍的三个核心是什么？

自我介绍不要超过三十秒，最长也不能超过一分钟，否则会让周围人对孩子的好奇心减弱。我们要在最短的时间里，让大家知道三点：你是谁、你有什么亮点、你能带给大家什么。为什么我让那个孩子每天背一遍自我介绍呢？因为一开始，你就要大方得体、吐字清楚、不慌不忙，这才是最重要的。

第一，"你是谁？"在介绍自己的时候，可以用一个比较有意思的比喻介绍自己的名字，这样大家就可以一下子记住。比如孩子的名字叫"黄亮"，他就可以把自己名字的两个字和相关的名人联系到一起，说："同学们好，我叫黄亮。黄飞鸿的黄，诸葛亮的亮。"

第二，介绍自己的亮点。比如之前找我咨询的那个孩子，他虽然学习成绩一般，但是游泳拿过奖，绘画也得过奖，而且孩子还非常喜欢写小说。所以他就说："我曾经在小学的时候得过一些奖，我游泳得过市上的游泳金海豚，绘画也得过优秀奖，但是这些都是小时候的事了，我相信在这个新班级里，我会再创造更多这样的精彩时刻，成为我在初中难忘的记忆。"这会让班级中的人对他立刻建立初步印象，知道孩子的优势，日后班级有相关活动时，孩子就非常容易获得机会。

第三，能带给大家什么？咨询的那个孩子说："我绘画还行，可能不是咱们班最厉害的，因为我相信咱们班藏龙卧虎。但是如果班级有需要我出力的时候，我一定尽全力做好。我唱歌也还行，可能不是咱们班唱得最好的，因为我相信咱们班一定还有金嗓子。但如果班级有相关任务我一定用心完成。我就说这么多，很开心成为这个优秀班级的一员。"当时，同学们全体鼓掌，这个孩子第一次感受到众人瞩目的感觉，一下子爱上了这个新班级。

在孩子成长的过程中，是有很多这样的转折点的。如果每次都能帮孩子利用好这样的转折点，相信都会成为他进步的新台阶。

9. 浮躁的孩子如何调整分寸感？

> 对于只有一把锤子的人来说，
> 他遇见的每样东西看起来都像一颗钉子。
>
> ——亚伯拉罕·马斯洛

外向的孩子如果不懂得人际交往，其实也特别容易惹麻烦。有个孩子特别外向，最近他的班主任反映，孩子刚开始的时候跟班里的同学都相处得挺好，但是不知道为什么现在班上好多孩子都说不和他玩了，似乎同学们都在孤立他。家长找老师仔细询问，老师说不是同学们孤立他家孩子，而是他家孩子总是给同学们起外号，恶作剧，大家都越来越讨厌他了。所以你看，孩子上学以后就会多了很多烦恼，不仅有功课的压力，而且还有同学相处的压力。

我相信每位家长都担心孩子与同学相处不好，怕孩子不合群不受同学欢迎。而且我想孩子本身也怕同学不和自己玩，所以很多孩子在这种担心之下，会做一些违心的事。比如，明明自己的零花钱不想给同学花的，但是就违心地给同学了。再比如，明明自己的水杯不想让同学用的，但是不好意思，就让同学喝了。这种委曲求全，其实也是不会处理人际关系的一种表现。

而另一类孩子就是担心同学没有注意到自己、看不见自己，所以就做出很多搞怪的事，故意碰撞一下这个男同学啊，故意揪一下那个女同学的头发啊，或者是冒个怪声啊，给同学起外号啊，这些其实都是想引起其他人注意。前面那个孩子就属于后者。这两类孩子，都是属于没有平衡好自己的个性和合群之间的关系。

其实，从心理学而言，每个孩子都需要有一定程度的服从，这对孩子的成长是有益的。在小学低年级，孩子可能主要服从的是父母，以后逐渐服从的是老师，再长大一些，他就会服从同伴给他的影响。家长对孩子的影响力其实一直在降低，而他的同龄人的影响力在逐步增加，孩子对朋友的看重程度也越来越强。

但是随着孩子人际交往圈子逐渐扩大，我们需要让孩子明白"和而不同"是非常重要的。什么是"和而不同"呢？

就是我和你的关系可以很好，我也可以很尊重你，但是这不代表我就一定要同意你的所有做法。孩子能学会待人做事有原则、有分寸、有底线，这就叫和而不同。

给大家举个例子。有个孩子认为只要是他的好朋友提出来的要求，他都必须答应。有的时候他很不想答应，但是害怕伤害和朋友之间的关系，就一直委屈自己。后来妈妈和他经常在生活中练习"和而不同"的这种处世态度，事情就有了转机。

有一次，他的好朋友又要用他的水杯喝水，他就开着玩笑调皮地说："我亲爱的好朋友，我其实一直都不喜欢别人用我的水杯喝水。今天我壮着胆子给你说了，你不会打我吧？"结果好朋友开心地说："我偏打你，我偏打你。"两个孩子就打打闹闹到一处，嘻嘻哈哈，这事就过去了。

好朋友没有生气，而且以后也不再用他的水杯喝水了。甚至其他人要用他的水杯，他的好朋友都会说："他都不让我用，你们凭什么用啊？记着啊，我哥们儿不喜欢别人用他的水杯。"结果两个孩子的感情更好了。这就是为人处世的一种态度，"和而不同"。

在生活中，我们怎么让孩子练习这一点呢？

第一步，你先帮孩子厘清思路，哪些行为是他勉强自己的，是他被迫做出的行动，是他不喜欢的做法。比如："我不喜欢人家用我的水杯。""我不喜欢别人翻我的书包。"或者"我不喜欢别人随便拿我的文具。"

第二步，我们启发孩子想出很多尊重对方并且比较幽默的表达方式，把自己的想法说出来。要让孩子知道，有时候不是我们的想法不对，而是我们说话的方式不对。只要说话方式对了，大部分矛盾都可以避免。

第三步，情景演练。孩子知道并不等于会做，要熟练地掌握一种能力必须要经过练习。所以我们把孩子遇到的每种场景当游戏一样练习，把孩子想到的每一种回应方式都模拟一遍，孩子在遇到真实场景之后才能从容不迫。

"和而不同"还有一个非常重要的好处就是，孩子会逐步明确自己的是非观。这个世界上没有一个人是完美的，家教再好的孩子也会有缺点，成长再优秀的孩子也会有不足。当孩子没有这种姿态时，难免受到身边人的一些不良影响。如果孩子拥有了这个基本的意识，他就能明白，当亲密的朋友有不好的做法，他完全可以不同流，这样才是正确的选择。

10. 付出爱的分寸

> 一方面希望控制他人，另一方面又希望被人所爱；一方面顺从他人，另一方面又把意志强加于他人身上。正是这种完全不能解决的冲突控制着我们的生活。
>
> ——卡伦·霍妮

有一天，我在家长学员群和学员们做交流时，和妈妈们提到了"付出爱的分寸"这样一个话题。

比如：如果孩子想通过礼物来表达爱，送礼物和收礼物其实都非常需要分寸。看似是一个小事，其实对孩子来说是一个把握人际关系中的"分寸感"的最好契机。这中间最难得的是"恰当"二字，也就是对"度"的把握。

当礼物送与收之间有了分寸，这份爱的表达就增进了彼此的感情。当礼物送或收没有分寸，可能后续带来的是人际关系上的困扰和麻烦。你有这样的体会吗？

说实在的，一个于内于外有分寸感的人，才会真正在人际关系当中受到尊重。我们一起聊一聊孩子的"分寸感"从哪里来。

说起付出爱的"分寸"，这可能是很多父母都很难把握的事。例如：爱多少，怎么爱，也就是"分寸"。你可能会说，爱孩子是我的本能，谁会去掂量这个啊。是的，分寸恰恰就是掂量出来的。因为有分寸感的爱是"理性的爱"，而没有分寸感的爱是"本能的爱"。对孩子而言，孩子更需要的是"本能的爱"，还是"理性的爱"呢？

事实证明，你爱得有分寸，孩子的行为就会有分寸；你爱得没分寸，孩子的行为也没有分寸。分寸把握得好，这个小生命随着成长与外界会越来越和谐；分寸没有把握好或者完全没有分寸，这个小生命和我们相处的烦恼会与日俱增，他和周围的环境也会显得格格不入。

比如我们很难对别人说"不"，尤其是面对孩子更是这样。这就是父母在孩子面前没有分寸的一种表现。我们有这样的心态，对孩子说"不"，我们就会内疚不已。一个孩子遇到了很难对自己坦然说"不"的父母，孩子就有可能成为无法允许别人对自己说"不"的人，这是没有分寸感的另一种表现。

三十年前有一个小女孩，妈妈非常非常爱她。她家庭条件不好，越是这样，妈妈对孩子越有愧疚，所以就对小女孩处处无微不至地照顾，让孩子感受到更多的"关爱"。在这个女孩的成长经历中，妈妈对孩子的所有需求几乎没有说过"不"，即便是家庭中经济压力大，当女孩提出各种物质需求的时候，妈妈口中再多的抱怨，行动上却还是想尽办法满足孩子。

妈妈满心感觉这是血浓于水、深入骨髓的母爱。后来女孩长大了，在离开妈妈怀抱的每一天都觉得自己活得好委屈。因为女孩早已习惯了一个人爱的表达就应该是为自己做一切，也早已习惯了如果有人爱自己就应该竭尽所能满足自己。在这种误解之下，她很难在这个世界上再找到一个人这样对自己。而她因为对"爱"的认知有偏差，所以一直都找不到她认为的真正爱她的人。女孩在每一段关系当中都不允许对方对自己说"不"。一旦遭到拒绝，女孩就很难接受，不是引发矛盾就是不欢而散。

所以，分寸就是我们能够清晰地知道并做到：什么应该，应该到什么程度？什么不应该，不应该到什么程度？什么可以，可以到什么程度？什么不可以，不可以到什么程度？什么是自己的范围，什么是他人的范围？能看清这些的人，其实就是一个很有分寸感的人。

因此，我的理解"分寸"就是内在的一个尺度。有了这个尺度，孩子就真正学会了尊重自己，从而也很容易受到他人的尊重。

很多日常琐事都在考验一位母亲的分寸感。比如：妈妈应该对孩子上学不迟到负责，应该负责到什么程度、什么范围呢？我认为，应该负责到给孩子把起床的所有技能都教会的程度。比如：使用闹钟的技能，穿衣的技能，归置衣物的技能。当技能都教会了孩子，孩子也都掌握了，至于是否迟到、迟到的后果等，那已经是孩子自己的事了。我们不要超出分寸，这样对孩子更有好处，父母也会越来越轻松。

再例如：妈妈应该对孩子好好吃饭负责，应该负责到什么程度、什么范围呢？我认为，应该负责到安排好适合孩子身体吸收的食物，教会孩子符合年龄的餐桌礼仪的程度。如果没有特殊情况，孩子是否喜欢当天的食物，吃多吃少，那是孩子的事。我们分寸把握得越好，孩子越会成为一个能为自己身体负责的孩子。

再比如：当孩子遇到了麻烦，在孩子承受一定压力就能解决的情况下，是不需要父母出手的。所以我们不如稳住自己，把握好分寸。

当孩子能知进退、明得失、懂分寸，就掌控了自己生活的方向，成长为一个内心有尺度、有力量的人。

当你想伸手为孩子做什么承担什么的时候，问问自己：这件事换作他人，是不是也会这样替孩子做？如果答案是只有你自己会做，那你就应该停手了。父母能适度停手，孩子就更容易成为受人尊重的人。